O ESSENCIAL
DE JOHN LOCKE

CONHEÇA OUTROS LIVROS DA SÉRIE:

POLÍTICA, IDEOLOGIA E CONSPIRAÇÕES

DESCULPE-ME, SOCIALISTA

MITOS E FALÁCIAS DA AMÉRICA LATINA

A LEI

MENOS ESTADO E MAIS LIBERDADE

OS ERROS FATAIS DO SOCIALISMO

DA LIBERDADE INDIVIDUAL E ECONÔMICA

OS FUNDAMENTOS DO CAPITALISMO

LIBERDADE É PROSPERIDADE – A FILOSOFIA DE AYN RAND

O ESSENCIAL DE MILTON FRIEDMAN

O ESSENCIAL DE JOSEPH SCHUMPETER

ERIC MACK

O ESSENCIAL DE JOHN LOCKE

Tradução:
MATHEUS PACCINI

COPYRIGHT © 2020 BY THE FRASER INSTITUTE. ALL RIGHTS RESERVED. NO PART OF THIS BOOK MAY BE REPRODUCED IN ANY MANNER WHATSOEVER WITHOUT WRITTEN PERMISSION EXCEPT IN THE CASE OF BRIEF QUOTATIONS EMBODIED IN CRITICAL ARTICLES AND REVIEWS. THE AUTHORS OF THIS PUBLICATION HAVE WORKED INDEPENDENTLY AND OPINIONS EXPRESSED BY THEM ARE, THEREFORE, THEIR OWN, AND DO NOT NECESSARILY REFLECT THE OPINIONS OF THE FRASER INSTITUTE OR ITS SUPPORTERS, DIRECTORS, OR STAFF. THIS PUBLICATION IN NO WAY IMPLIES THAT THE FRASER INSTITUTE, ITS DIRECTORS, OR STAFF ARE IN FAVOUR OF, OR OPPOSE THE PASSAGE OF, ANY BILL; OR THAT THEY SUPPORT OR OPPOSE ANY PARTICULAR POLITICAL PARTY OR CANDIDATE.

COPYRIGHT © FARO EDITORIAL, 2021
TODOS OS DIREITOS RESERVADOS.

Nenhuma parte deste livro pode ser reproduzida sob quaisquer meios existentes sem autorização por escrito do editor.

O autor deste livro trabalhou de forma independente, e as opiniões expressas por ele são, portanto, suas próprias e não refletem necessariamente as opiniões dos adeptos, diretores ou funcionários do Instituto Fraser. Esta publicação não implica de forma alguma que o Instituto Fraser, seus diretores ou funcionários sejam a favor ou se oponham à aprovação de qualquer projeto de lei; ou que eles apoiem ou se oponham a qualquer partido ou candidato em particular.

Avis Rara é um selo da Faro Editorial.

Diretor editorial: **PEDRO ALMEIDA**
Coordenação editorial: **CARLA SACRATO**
Preparação: **TUCA FARIA**
Revisão: **BARBARA PARENTE**
Adaptação de capa e diagramação: **CRISTIANE | SAAVEDRA EDIÇÕES**

Dados Internacionais de Catalogação na Publicação (CIP)
Angélica Ilacqua CRB-8/7057

Mack, Eric
 O essencial de John Locke / Eric Mack; tradução de Mathus Paccini. São Paulo: Faro Editorial, 2021.
 112 p.

 ISBN: 978-65-5957-026-3
 Título original: The essential John Locke

 1. Ciências sociais 2. Estado 3. Política I. Título II. Paccini, Mathus

21-2364   CDD 300.92

Índice para catálogo sistemático:
1. Ciências sociais

1ª edição brasileira: 2021
Direitos de edição em língua portuguesa, para o Brasil, adquiridos por **FARO EDITORIAL**

Avenida Andrômeda, 885 – Sala 310
Alphaville – Barueri – SP – Brasil
CEP: 06473-000
WWW.FAROEDITORIAL.COM.BR

Sumário

7   INTRODUÇÃO

---

17   O ESTADO DE NATUREZA E A LEI DA NATUREZA

27   LIBERDADE NATURAL

33   DIREITOS NATURAIS

45   DIREITOS DE PROPRIEDADE

57   INCONVENIENTES DO ESTADO DE NATUREZA E SUA SOLUÇÃO

67   A OBRIGAÇÃO DE OBEDECER À LEGISLAÇÃO E SEUS LIMITES RADICAIS

79   TOLERÂNCIA

89   RESISTÊNCIA CONTRA A FORÇA INJUSTA

---

101   REFERÊNCIAS BIBLIOGRÁFICAS

103   SOBRE O EDITOR

105   AGRADECIMENTOS

107   PROPÓSITO, FINANCIAMENTO E INDEPENDÊNCIA DO FRASER INSTITUTE

109   SOBRE O FRASER INSTITUTE

110   REVISÃO POR PARES - VALIDANDO A EXATIDÃO DE NOSSA PESQUISA

111   CONSELHO EDITORIAL CONSULTIVO

Introdução

> Magistrados ou políticos (...) só existem para defender os homens deste mundo da fraude e da violência uns dos outros; por conseguinte, o objetivo do governo estabelecido deveria ser a única medida de seu procedimento.
>
> JOHN LOCKE, *Carta sobre a tolerância*: p. 135.

NUNCA UM INDIVÍDUO É O ÚNICO CRIADOR DE UMA grande tradição na filosofia política – ou de qualquer outro campo de investigação humana. Pois, conscientemente ou não, todo teórico faz uso de importantes ideias e convicções previamente exploradas por outros pensadores. Não obstante, se você fosse obrigado a identificar o fundador da perspectiva liberal clássica do pensamento político, teria que apontar para o filósofo inglês John Locke (1632-1704), cujas duas obras mais importantes e conhecidas em filosofia política são *Segundo tratado sobre o governo civil* (publicada como parte de *Dois tratados sobre o governo civil*) e *Carta sobre a tolerância*. (Todas as passagens do *Primeiro tratado* e do *Segundo tratado* serão citadas como "FT" e "ST" [da sigla em inglês] junto com o número de seu parágrafo. Todas as páginas de *Carta sobre a tolerância* serão citadas como "LCT" [da sigla em inglês], junto com o número da página.)*

Neste pequeno livro, ofereço uma descrição favorável dos argumentos e alegações mais marcantes que constituem a filosofia política liberal clássica de Locke. Não defendo que toda declaração feita por Locke em sua filosofia política esteja perfeitamente alinhada com o paradigma liberal clássico. Tampouco afirmo que toda posição política que ele adotou foi consistente com os princípios abstratos de sua doutrina política. Não obstante, acredito que meu retrato de Locke como a origem do pensamento político liberal clássico captura sua essência como um teórico político normativo e também revela boa parte do caráter e plausibilidade do liberalismo clássico. Infelizmente, por ser uma apresentação condensada, não posso pausar para abordar amplamente todas as interessantes complexidades dentro das doutrinas que discuto.

---

* *A obra* Second Treatise of Government *(ST) possui uma tradução para o português publicada pela Editora Vozes, sob o título* Segundo tratado sobre o governo civil. *Todas as citações presentes neste livro foram retiradas dessa tradução, embora tenham sido modificadas, corrigidas e/ou atualizadas em alguns pontos. Por isso, o número de página que acompanha a citação se refere à obra original, e não à tradução. A obra* A Letter Concerning Toleration *possui uma tradução para o português publicada pela Editora Vozes, sob o título* Carta sobre a tolerância *(Vozes de Bolso). Todas as citações presentes neste livro foram retiradas dessa tradução, embora tenham sido modificadas, corrigidas e/ou atualizadas em alguns pontos. Por isso, o número de página que acompanha a citação se refere à obra original, e não à tradução. (N. do T.)*

INTRODUÇÃO

Esta introdução abre dois caminhos pelos quais apresentar Locke como um exemplar filosófico do liberalismo clássico. Primeiro, descreverei os elementos centrais da perspectiva liberal clássica, o que dá uma prévia da forma e do espírito básicos das doutrinas lockeanas aqui apresentadas. Segundo, serve de prévia para o contexto histórico e intelectual no qual Locke desenvolveu seus princípios políticos. Os conflitos políticos e disputas filosóficas que varreram a Grã-Bretanha ao longo do século XVII tiveram, é claro, características distintas das que ocorrem no século XXI. Ainda assim, as questões fundamentais são notavelmente semelhantes. Elas incluem a natureza e santidade da liberdade humana, a relação entre o respeito pela liberdade e a manutenção da ordem social, a base e a abrangência da tolerância, o propósito que justifica o governo, e os limites fundamentais (se é que existem) sobre a autoridade governamental. O liberalismo clássico de Locke aborda cada uma dessas e outras questões. Fica para o leitor a tarefa crucial de compreender como os princípios e *insights* de Locke deveriam ser aplicados a nossos tempos conturbados.

O princípio político primário do liberalismo clássico é o respeito e a proteção da liberdade individual. Ela abrange tanto as escolhas "pessoais" como as "econômicas". Inclui a liberdade individual de decidir que religião você irá seguir, quais serão seus padrões culturais e estéticos, como irá estabelecer suas interações com pessoas que, por sua vez, também escolhem seus padrões de relacionamento. Além disso, inclui a liberdade para desenvolver suas capacidades econômicas como quiser, exercer a carreira que escolher, adquirir propriedades como meio para realizar seus projetos de vida e usar sua propriedade como preferir – novamente, com a condição de que suas ações não privem os outros da mesma liberdade.

No liberalismo clássico, cada indivíduo tem soberania sobre a própria vida, e nenhum indivíduo ou grupo pode invadi-la ou anulá-la. Isso não significa que o liberalismo clássico celebre um mundo em que todos vivem em esplêndido isolamento. Pelo contrário, ele celebra um mundo em que os indivíduos desenvolvem e estabelecem relações e associações mutuamente vantajosas e enriquecedoras de forma livre e voluntária. Celebra a sociedade como uma associação voluntária de indivíduos livres – isolados, mas, muito mais provavelmente, em cooperação – que perseguem os próprios fins da forma que preferirem, respeitando a liberdade alheia.

Um componente central do liberalismo clássico é a visão de que a liberdade individual – que protege cada indivíduo em sua associação voluntária com os outros – é, no mínimo, a fonte primária da ordem social e econômica desejável, e surge de baixo para cima. Já que essa ordem refletirá os diversos desejos, ambições, conhecimentos e capacidades dos indivíduos que a compõem, ela será, necessariamente, mais complexa, vibrante e dinâmica do que qualquer ordem de cima para baixo, imposta por engenheiros sociais e planejadores estatais.

A coerção é a grande inimiga da liberdade e dos benefícios dos esforços cooperativos escolhidos livremente. Na perspectiva liberal clássica, a única coerção aceitável é aquela provocada e dirigida contra a violência. Entendida como o uso da força física ou a ameaça de seu uso, a coerção pode ser empregada apenas para defender a liberdade dos indivíduos e das associações que eles formam voluntariamente. A característica que distingue as instituições políticas, ou seja, os governos, é sua posse e seu uso do poder coercitivo. Assim, o apoio do liberal clássico ao respeito e proteção da liberdade individual como princípio político primário gera uma demanda de limites radicais sobre o poder e ação do Estado.

O uso estatal de medidas coercitivas deve limitar-se a ações e políticas que protegem a liberdade dos indivíduos e suas associações voluntárias. De modo geral, pelo menos, qualquer ação ou política estatal coercitiva que não proteja a liberdade ou busque anular os efeitos das violações à liberdade é, em si mesma, ilícita. Desse modo, o Estado mais amplo que o liberalismo clássico pode aceitar é um estado mínimo (ou quase mínimo). Além disso, o liberalismo clássico insiste que o Estado e seus funcionários sejam julgados pelos mesmos padrões morais que os cidadãos comuns. O comportamento coercitivo do Estado que viola as liberdades pessoais e econômicas – por exemplo, prendendo pessoas por seu uso pacífico de drogas, por suas preferências sexuais incomuns ou por suas interações econômicas voluntárias – não passa de criminalidade em grande escala.

Ao nascer, em 1632, Locke encontrou um mundo devastado por conflitos de ordem política e religiosa. Tais conflitos atingiram seu auge de intensidade nas Guerras Civis de 1641-1649 e no julgamento e execução apressados de Carlos I, em janeiro de 1649, por decisão do Parlamento. Eles ressurgiram nas conspirações políticas contra Carlos II entre 1675-1685, e continuaram ao longo da Revolução Gloriosa de 1688, que destituiu do trono o sucessor de Carlos II, o católico Jaime II, e introduziu a monarquia composta de Guilherme e Maria. No decorrer das décadas de 1670 e 1680, Locke – como médico e assistente intelectual – foi membro da casa do conde de Shaftesbury, que se tornou o líder das forças políticas que se opunham às tendências autoritárias de Carlos II.

Dois tratados sobre o governo civil foi escrito por volta de 1680 em apoio às tentativas de Shaftesbury de limitar a autoridade monárquica. Locke fugiu para a Holanda em 1683, depois de ter sido descoberta a conspiração da Casa Rye para assassinar Carlos II e seu irmão Jaime, e lá escreveu *Carta sobre a tolerância*. Durante seu refúgio, provavelmente ele trabalhou para apoiar a resistência na Inglaterra contra o reinado de Jaime II (que sucedera a Carlos II em 1685). As duas obras foram publicadas anonimamente ao final de 1689 quando do regresso de Locke à Inglaterra, após o fim da Revolução Gloriosa de 1688. Ele nunca reconheceu a autoria de nenhuma delas, pois temia vir a ser perseguido se a própria Revolução fosse derrubada.

Infelizmente, ao estabelecer o contexto intelectual dos principais escritos políticos de Locke, devo limitar-me a generalizações amplas sobre as seis décadas conflituosas que levaram à Revolução Gloriosa. Para começar, durante o século XVII, havia um conflito profundo na Grã-Bretanha acerca de quais doutrinas e práticas religiosas deviam ser autorizadas pela autoridade estatal. Muitos preferiam a Igreja da Grã-Bretanha como religião oficial, e lutavam para mantê-la. Outros, como os puritanos, queriam substituí-la por uma forma mais pura e simples de protestantismo. Outros ainda, incluindo Carlos II e Jaime II, conspiravam para reinstaurar o catolicismo como religião oficial de todos os súditos britânicos. (Compare isso às discussões atuais sobre que forma de casamento ou que tipo de escolarização a autoridade política deveria impor à sociedade.)

A maioria dos envolvidos nas disputas entre religião e Estado aceitava a premissa de que o chefe de Estado tinha o direito de decretar a religião que seus súditos seguiriam – desde que ele escolhesse a religião verdadeira. O único problema era saber qual religião era a verdadeira. No entanto, surgiram outras disputas entre aqueles que aceitavam a premissa de que os governantes tinham o direito de impor a uniformidade religiosa e os defensores dos princípios de tolerância, que advogavam que os governantes deveriam respeitar a liberdade de consciência de seus súditos. O soberano podia ter a própria escolha religiosa, mas não lhe cabia impor sua religião a seus súditos.

Durante as décadas centrais do século XVII, a Grã-Bretanha foi sacudida por um conflito paralelo, mais amplo, sobre quem detinha a autoridade política definitiva. Era o monarca? Era o Parlamento? Ou estava ela, de alguma forma, dividida entre diferentes instituições políticas? A tributação era, com frequência, o foco acalorado dessa disputa. De quem era o direito de cobrar impostos – do monarca ou do Parlamento? A maioria dos envolvidos nessa discussão aceitava a premissa de que quem tem autoridade política tem autoridade política absoluta e ilimitada. Uma vez que sabemos quem tem o direito de governar, sabemos quem tem o direito de governar sem restrições. Um argumento comum era que a autoridade monárquica deveria ser ilimitada, pois um monarca com limites sobre sua autoridade não seria um verdadeiro soberano.

Contudo, a premissa de que a autoridade política deve ser ilimitada em seu alcance passou a ser atacada na medida em que os teóricos desenvolveram, ou aprimoraram, a ideia de que a autoridade política existe apenas para determinados propósitos limitados e que, quando os governantes perseguem outros propósitos – por exemplo, queimar hereges, criar e proteger monopólios econômicos e impor a censura –, suas ações transgridem esses limites. Não surpreende, portanto, que essa perspectiva tenha sido combatida pelos defensores da autoridade ilimitada do soberano. Para os defensores dessa proposta autoritária, qualquer ato de desobediência ou resistência à ordem soberana irrestrita era considerado ilegal.

Na Grã-Bretanha do século XVII, os dois defensores mais influentes dessa visão autoritária eram Robert Filmer (1588-1653) e Thomas Hobbes (1588-1679). Para entender os argumentos de Locke no *Segundo tratado sobre o governo civil*, é preciso diagnosticar como esses argumentos são dirigidos contra Filmer ou, principalmente, Hobbes. Filmer e Hobbes defenderam sistematicamente a autoridade ilimitada e absoluta dos soberanos nos tumultuosos anos anteriores às Guerras Civis da Grã-Bretanha e durante seu curso. Embora sustentassem suas conclusões de formas distintas, ambos defendiam que a causa primordial da desordem política e social é a ideia de que os súditos podem questionar legitimamente a legalidade ou a justiça das ações ou ordens de seu soberano.

Segundo Filmer e Hobbes, os soberanos às vezes agem impulsivamente e causam danos inesperados e dispendiosos a seus súditos. No entanto, descrever essas ações como ilegais ou injustas abre precedente para queixas intermináveis e resistência à autoridade. Essa legitimação dá margem a conflitos entre facções – ou seja, anarquia. Isso gera efeitos muito piores do que a submissão obediente a um comportamento ocasional desfavorável do soberano. Dada a fragilidade da ordem política e social e a divisão entre as pessoas, paz e ordem só podem ser mantidas se todos estiverem sob o poder irreversível de um governante.

Em contraste, a filosofia política de Locke rejeita fundamentalmente a doutrina da autoridade política ilimitada. Nas obras *Segundo tratado sobre o governo civil* e *Carta sobre a tolerância*, ele sintetiza seus argumentos a favor da tolerância religiosa e defende a tolerância mais ampla a todas as atividades pacíficas. Em *Carta sobre a tolerância*, Locke argumenta que a liberdade, e não o controle autoritário, é a base para uma sociedade pacífica e próspera.

INTRODUÇÃO

Como veremos, ele fundamenta sua defesa antiautoritária da tolerância e da liberdade no fato de que cada indivíduo possui direitos naturais que todos – principalmente os soberanos políticos – são obrigados a respeitar.

Embora este livro trate apenas dos elementos essenciais da filosofia política liberal clássica de Locke, é impossível transmiti-los apenas com uma lista de suas conclusões. Só é possível entender e apreciar a força das conclusões filosóficas de Locke se mergulharmos no raciocínio por trás delas. Além disso, para apreciar seu raciocínio, é preciso identificar as doutrinas que ele combate, e como seus argumentos funcionam como críticas a elas. Fiz alusão à defesa que Filmer e Hobbes fazem da autoridade política absoluta e à contrastante insistência de Locke em impor limites radicais à autoridade política. Analisaremos a substância dessas e de outras disputas entre as posições liberal clássica e autoritária nos próximos capítulos.

A base da doutrina dos direitos naturais de Locke será articulada nos capítulos 1, 2 e 3. O capítulo 1 apresenta a visão de Locke sobre o estado de natureza, contrastando-a com a visão hobbesiana. O capítulo 2 apresenta a visão lockeana de liberdade natural, contrastando-a com a visão hobbesiana de liberdade natural. O capítulo 3 apresenta os argumentos de Locke a favor do direito natural à liberdade. O capítulo 4 explica a doutrina lockeana dos direitos de propriedade. O capítulo 5 discute os "inconvenientes" que Locke adota para caracterizar o estado de natureza e as instituições governamentais que ele acredita serem necessárias para superá-los. O capítulo 6 foca em dois esclarecimentos: o motivo de sermos obrigados a cumprir uma lei aprovada e o motivo de tal obrigação se aplicar apenas a um pequeno conjunto de leis. O capítulo 7 aborda os argumentos centrais de

Locke a favor do direito de todos – ou quase todos – os indivíduos de professar e praticar a religião de sua escolha, e explica por que a defesa lockeana da liberdade religiosa exemplifica sua defesa mais ampla da liberdade individual. O capítulo 8 explica a doutrina lockeana do direito à resistência contra governantes injustos ou seus asseclas.

Encerro essa Introdução com quatro comentários sobre a linguagem de Locke. Primeiro, ele escreve no inglês da década de 1680 com ortografia, pontuação e estrutura de frases que podem parecer estranhas aos leitores do século XXI. Não fique incomodado com isso; fique encantado. Segundo, algumas terminologias antiquadas de Locke – por exemplo, seu uso de "lei da natureza" – podem sugerir que suas ideias são antiquadas. Não caia na armadilha das impressões terminológicas; dê um julgamento justo às ideias (para cuja explicação faço o meu melhor). Se ao ler as opiniões de Locke você concluir que são fundamentais para nossos tempos, estará certo. Terceiro, como apresento uma interpretação particular de Locke, forneço um bom número de citações para fundamentá-la. Quarto, Locke segue as convenções de seu tempo e escreve sobre os direitos *dos homens*, a chegada *deles* à era da razão e os direitos que *eles* têm no estado de natureza. Não obstante, Locke oferece doutrinas sobre os direitos *humanos*, os limites à autoridade de qualquer *pessoa* sobre outra *pessoa*, a tolerância devida a todo indivíduo e assim por diante. Confiante de que o leitor pode abstrair o uso que Locke faz das convenções do século XVII, não senti a necessidade de reescrever suas frases para protegê-lo da acusação de masculinidade tóxica.

Capítulo 1

O estado de natureza e a lei da natureza

Para compreender corretamente o poder político e traçar o curso de sua primeira manifestação, precisamos examinar a condição natural dos homens, ou seja, *um estado de perfeita liberdade* para decidir suas ações, dispor de seus bens e de suas pessoas como bem entenderem, dentro dos limites da lei da natureza, sem pedir a autorização de nenhum outro homem nem depender de sua vontade.

(...)

O *estado de natureza* é governado por uma lei de natureza a que todos os indivíduos estão sujeitos: a razão é essa única lei que ensina a todos, e a única a ser consultada; *sendo todos iguais e independentes*, ninguém deve causar danos ao outro em sua vida, saúde, liberdade ou posses.

JOHN LOCKE, Segundo tratado sobre o governo civil: §4, §6.

EM SEU *SEGUNDO TRATADO SOBRE O GOVERNO CIVIL*, Locke repete Hobbes ao abordar a filosofia política através da teoria dos direitos naturais. De acordo com ambos os pensadores, os indivíduos de um grupo estarão num estado de natureza (entre si) se não estiverem sujeitos a uma autoridade governamental comum. Estar em um estado natural é nossa condição básica e original, pois ninguém nasce sujeito à autoridade política. Nosso nascimento – ou, de forma mais precisa, nossa chegada à maioridade – não nos obriga a obedecer àqueles que aspiram a nos governar. Tampouco o nascimento deles – ou sua chegada à maioridade – lhes concede o direito de nos governar. Embora não sejamos literalmente seres nascidos "livres e independentes" (*ST*, §6), nascemos livres e independentes no sentido de que obtemos tal *status* quando chegamos à idade adulta (*ST*, §55).

Nessa condição natural, somos iguais e perfeitamente livres, e não existe hierarquia natural entre governante e súditos. Essa visão foi expressa dramaticamente por Richard Rumbold antes de sua execução, em 26 de junho de 1685, por sua participação na conspiração da Casa Rye: "Nenhum homem nasce marcado por Deus acima de outro; pois ninguém vem a este mundo com uma sela nas costas, nem com botas e esporas". Já que não existe uma autoridade política natural, parece que, se um lado tem o direito de governar, e o outro, a obrigação consequente de obedecer, esses direitos e obrigações devem ter sido criados pelos indivíduos no processo de renunciar ao estado de natureza. A teoria dos direitos naturais investiga se as pessoas têm boas razões para fazê-lo, criando poder governamental e colocando-se sob sua dominação.

Os teóricos do estado de natureza perguntam: por que, exatamente, indivíduos racionais escolheriam renunciar a esse estado? Que problemas inerentes ao estado de natureza levariam as pessoas a participar racionalmente de um contrato social que as sujeita a um regime político comum? Por qual processo seria criada uma autoridade política comum? Esse processo realmente aconteceu entre nós? Mais importante, talvez: se houvesse problemas importantes no estado de natureza que pedissem a instituição da autoridade política, *que grau ou tipo* de autoridade política pessoas *racionais* estabeleceriam?

A teoria dos direitos naturais é, em primeiro lugar, uma ferramenta analítica para determinar se algum tipo de autoridade política é justificável. Os teóricos do estado de natureza frequentemente vislumbram um período de tempo em que nossos ancestrais distantes viviam em um estado de natureza e um momento em que renunciaram a tal condição ao estabelecer um contrato social entre si. Não obstante, essa perspectiva histórica não explica a motivação de especular sobre a hipótese do estado de natureza. Pois a motivação essencial da ideia de que a forma para determinar o grau ou tipo de autoridade política que se justifica consiste em traçar hipóteses sobre quais problemas as pessoas *enfrentariam* na ausência do governo, e o grau ou tipo de autoridade política que pessoas racionais e bem informadas *estabeleceriam* para solucioná-los. Segundo os teóricos do estado de natureza, o único propósito da autoridade política, ou seja, da autoridade coercitiva, é lidar com os problemas que existiriam em um estado natural e que só poderiam ser resolvidos satisfatoriamente por uma autoridade política.

Para estimar a importância da teoria dos direitos naturais de Locke, precisamos contrastá-la com a posição de Hobbes, que defendia que esse estado equivale a uma guerra de todos contra todos. Em sua obra-prima de 1651, *Leviatã*, Hobbes afirmou que "durante o tempo em que os homens vivem sem um poder comum para mantê-los em ordem, estão na condição que se chama de 'guerra', e essa guerra é de todos contra todos" (Hobbes, 1651/1994: cap. XIII, 8).

Segundo Hobbes,

> Nessa condição, não há lugar para a indústria, pois seu fruto é incerto; consequentemente, não há o cultivo da terra, nem a navegação, nem o uso de matérias-primas que podem ser importadas pelo mar; não há construções confortáveis nem instrumentos para mover e remover as coisas, o que demanda grande força; não há conhecimento da face da Terra, nem contagem de tempo, nem artes, nem letras; não há sociedade; e o pior, há um constante temor e perigo de morte violenta. E a vida do homem é solitária, pobre, sórdida, embrutecida e curta. (Hobbes, 1651/1994: cap. XIII, 9)

Será verdade que o estado de natureza é um estado de guerra de todos contra todos? O argumento de Hobbes para justificar essa ideia se baseia em duas premissas. Como veremos, Locke aceita a primeira, mas rejeita a segunda. Ele nega que o estado natural seja um estado de guerra de todos contra todos precisamente porque rejeita a segunda premissa de Hobbes.

A primeira premissa que sustenta a visão de Hobbes de que o estado de natureza é uma guerra de todos contra todos é que, para que a paz e a interação social construtiva existam, as pessoas precisam cumprir certas regras morais ou legais. Todos (ou quase todos) os agentes têm de estar dispostos a cumprir certas normas, pelo menos na medida em que esperam que os outros as cumpram. Por exemplo, a paz exige que todos (ou quase todos) os indivíduos cumpram a regra contra se engajar em ataques físicos sem motivos contra os outros, pelo menos na medida em que esperam que os outros obedeçam a essa regra. E a existência de indústria e comércio benéficos requer que todos (ou quase todos) cumpram a regra contra tomar as posses que os outros adquiririam pacificamente através da produção e do comércio. É fato que as pessoas investirão seu tempo e energia na indústria e no comércio produtivos apenas se confiarem que haverá conformidade geral a essa regra.

A segunda premissa para a conclusão de Hobbes de que o estado de natureza é um estado de guerra de todos contra todos é a de que nele não existem regras morais ou legais, nem princípios de justiça. Segundo Hobbes, esse é um estado de "tensão permanente", em que toda pessoa sabe que nada que possa fazer ao outro é ilegal ou injusto, e sabe que o outro sabe que nada que possa fazer a ela é ilegal e injusto. Hobbes expressa essa ideia ao dizer que, no estado natural, todos têm o direito de fazer qualquer coisa, e ninguém tem o direito de reclamar de algo feito contra sua pessoa. Todo indivíduo tem o direito de tentar preservar sua vida e suas posses pacificamente adquiridas. Contudo, todos têm o direito de destruir aquela vida e roubar suas posses.

Quando Hobbes diz que em um estado de natureza as pessoas têm "direito" ilimitado de fazer o que quer que seja, ele está apenas dizendo que, nesse estado, nenhuma ação é errada, ilegal ou contrária a qualquer obrigação ou princípio de justiça. Não existem direitos "propriamente ditos", pois nada é errado, ilegal ou injusto por natureza. Por isso, ninguém pode esperar que o impulso de alguém de impor sua vontade sobre os outros ou tomar os frutos do trabalho alheio seja contido pela crença dele de que essas ações são erradas, ilegais ou injustas. Na verdade, no estado de natureza, cada pessoa pode esperar que outra esteja disposta a roubar suas posses antes que as dela sejam roubadas, apressando-se para matá-la antes que ela própria seja morta. Como todos estão cientes dessa propensão nos outros, todos são racionalmente levados à política de roubar antes de ser roubado e matar antes de ser morto. E o reconhecimento de cada pessoa de que a outra é motivada por essa política reforça a motivação de todos a segui-la.

De acordo com Hobbes, só podemos superar essa deficiência profunda no estado de natureza instituindo um soberano político que emite ordens que são reforçadas por uma ameaça verossímil de punição por desobediência. Pois, segundo Hobbes, essas ordens, e apenas elas, *criam* regras de direito e justiça, além da expectativa entre seus súditos de que todas elas serão cumpridas. Hobbes afirma que o que um soberano político ordena é a lei, e o que ele proíbe é ilegal. A promulgação de uma ordem a torna legal. Além disso, para Hobbes, o que é legal é justo, e o que é ilegal, injusto.

Então, se o soberano lhe ordenar que ataque qualquer vizinho que fale mal dele, isso *torna* seus ataques legais e justos. A ordem do soberano para que você entregue todo seu gado e sua safra ao cortesão favorito dele *torna* isso uma questão de lei e justiça que você deve cumprir. A ordem do soberano para que você participe de certa religião *torna* ilegal e injusto você não participar. A vontade do soberano – garantida por sua espada – *cria* legalidade e ilegalidade, certo e errado, justiça e injustiça.

A autoridade do soberano é absoluta e ilimitada precisamente porque não existem princípios naturais de direito ou justiça fora de sua vontade que possam servir como referência para avaliar a legalidade ou a justiça de suas ordens, ou para justificar a resistência a ele, não importa o que ordenar. Quando o povo institui um soberano para escapar do horror do estado de natureza, não pode limitar sua autoridade estipulando que ele deve agir segundo princípios independentes de lei ou justiça. Pois não existem princípios independentes de lei ou justiça. Na visão de Hobbes, se o soberano ordena que nenhum súdito se envolva em ataques sem motivos contra outro, outorga a cada súdito um direito contra ataques sem motivos de outro. Contudo, nenhum súdito pode ter tal direito perante o soberano. Afinal, é absurdo pensar que ele ordenará a si próprio não fazer o que tiver vontade.

Para Hobbes, é crucial que tanto o soberano como seus súditos reconheçam que a palavra dele é a lei e a justiça, e que se eles se esquecerem disso, ele deverá lembrá-los. Pois, do contrário, as pessoas continuarão recorrendo a suas visões pessoais sobre o que é legal e justo, e isso simplesmente alimentará as chamas do conflito e da guerra civil.

Locke aceita a primeira premissa do argumento de Hobbes: deve haver regras consistentes e conhecidas para guiar a interação humana no estado de natureza para que não seja uma guerra de todos contra todos. No entanto, Locke rejeita a segunda premissa, pois sustenta que *"O estado de natureza é governado por uma lei de natureza a que todos os indivíduos estão sujeitos (...)"* (*ST*, §6). Por "lei da natureza" Locke quer dizer um conjunto de normas morais sobre como uma pessoa deveria ou não tratar outra, com base em alguns fatos cruciais sobre a natureza humana. Como essas regras se apoiam em fatos básicos sobre os seres humanos, orientam as pessoas no estado natural. Elas se aplicam a todos, sendo anteriores a qualquer contrato social ou ordens de um soberano político. De fato, nenhum contrato social ou ordem de um soberano se justifica a menos que seja consistente com as normas morais originais que formam a lei da natureza.

Locke dá como exemplo de norma moral válida no estado de natureza o princípio de que aqueles que assumem promessas e acordos voluntários estão moralmente vinculados a cumprir essas promessas e convenções (*ST*, §14). Imagine dois indivíduos, João e Maria, que sobreviveram a um naufrágio e conseguiram nadar até uma ilha previamente desabitada. Entre si, João e Maria existem em um estado natural. Suponha que cada um deles proceda cuidadosamente com seus esforços individuais de sobrevivência. Mesmo assim, ambos podem vislumbrar ganhos na cooperação. Então, estabelecem um acordo voluntário. Hoje, João ajudará Maria a tirar um toco do terreno que ela está preparando para cultivar, em troca de ela o ajudar amanhã a colocar uma viga na cabana que ele está construindo. Agora, suponha que João cumpra sua parte do acordo hoje; não há dúvida de sua reciprocidade.

Locke afirma que, dentro de seu estado de natureza, se João ajuda Maria hoje, ele tem um direito moral à ajuda dela amanhã; Maria tem uma obrigação moral de prestar essa ajuda. Se Maria tem razões para acreditar que João cumprirá a parte dele do acordo, a justiça exige que ela cumpra a sua. Além disso, é porque as pessoas direcionam sua conduta para com os outros de formas mutuamente vantajosas que normalmente reconhecem os benefícios gerados pelos acordos e, por isso, estão dispostas a cumpri-los.

Uma faceta da lei da natureza é a regra moral de que, quando as pessoas fazem um acordo, cada parte tem o direito de que a outra cumpra o prometido. A validade moral *desse princípio* não depende da concordância das partes; tampouco depende de alguma autoridade política ordenando que elas cumpram seus acordos. João e Maria têm o direito natural de que os acordos voluntários feitos com eles sejam cumpridos.

Locke defende que existem outros direitos naturais no estado de natureza. Se em sua ilha deserta Maria corta a cabeça de João por diversão ou o força a tirar os tocos de seu terreno, a forma como Maria o trata é naturalmente injusta, pois viola o direito natural de João de não ser morto por diversão ou escravizado. Segundo Locke, a injustiça dessas ações é um fato objetivo. Não é preciso que haja um soberano político para ordenar que tais ações não sejam executadas para serem consideradas injustas. Tal conduta viola as regras de conduta que governam os "homens enquanto homens" (*ST*, §14).

Locke também considera assassinato e escravidão como *ilegais* porque são contrários à lei da natureza, mesmo que não existam leis naquela ilha no sentido de ordens emitidas por um soberano político. Além disso, defende que essa conduta continua sendo injusta e ilegal mesmo se ordenada por alguém que se apoderou da coroa, com um grande número de seguidores armados (*ST*, §176).

Para Locke, então, o estado de natureza não é estado de conflito permanente. Não precisamos fugir do estado natural para termos um conjunto de regras que nos permita distinguir entre conduta justa e injusta com os outros ou para governar nossa interação com eles. Na verdade, não precisamos fugir do estado de natureza para termos leis – no sentido de lei da natureza. No estado natural, as pessoas são capazes de cumprir a lei da natureza porque suas regras básicas são "tão inteligíveis e claras para uma criatura racional, e estudiosa dessa lei, como o são as leis positivas da sociedade civil; não, possivelmente, mais claras" (*ST*, §12).

Além disso, em um estado de natureza, a maioria dos indivíduos está disposta a respeitar os direitos dos outros. O que motiva a maioria dos indivíduos a não matar os outros por diversão – estejam eles dentro de um estado de natureza ou de uma sociedade política – não é o medo da punição. Antes, é sua noção de que isso seria uma coisa moralmente terrível. No capítulo 3, lidaremos mais sistematicamente com o que Locke considera o conteúdo da lei natural e como, através do uso da razão, podemos identificar os elementos cruciais dessa lei.

Liberdade natural

> Liberdade é não estar sujeito às restrições e violência dos outros, o que não ocorre onde não há lei; mas liberdade não é, como nos dizem, a liberdade de fazer o que se quer: (pois quem poderia ser livre, quando os caprichos de outro homem podem se impor aos seus?).
>
> John Locke, Segundo tratado sobre o governo civil: §57.

O PRINCIPAL OBJETIVO DESTE CAPÍTULO É EXPOR A VISÃO de Locke sobre a liberdade, destacando como ela difere da visão de que a liberdade é uma questão de fazer o que se quer. Como um liberal clássico, Locke defende que todo o mundo tem direito à liberdade – mas não o direito de fazer o que se quer.

Hobbes e Locke *parecem* concordar que todos os indivíduos (que alcançaram a idade da razão) são naturalmente iguais e livres. Para Hobbes, todavia, essa liberdade natural consiste em ninguém estar naturalmente sujeito a qualquer outra pessoa ou a quaisquer princípios restritivos de lei ou justiça. Para Hobbes, ser livre é ser capaz de fazer o que se quer. Qualquer restrição sobre as ações de alguém consiste em uma negação da liberdade. Por outro lado, Locke defende que nossa igualdade e liberdade naturais consistem em cada um de nós ter o direito natural de não ser subordinado à vontade dos outros. A liberdade dos outros não é prejudicada quando eles são obrigados a não nos subordinarem à vontade deles – mesmo que queiram fazer isso. A liberdade dos outros só é comprometida se eles forem subordinados a nossa vontade. Um corolário do direito de cada pessoa à liberdade é a obrigação de não violar essa liberdade.

Locke nos diz que não há "nada mais evidente que criaturas da mesma espécie e condição, nascidas com as mesmas vantagens naturais e dotadas das mesmas faculdades, também devam ser iguais entre si, sem subordinação ou sujeição" (*ST*, §4). Ecoando o discurso de Rumbold no cadafalso, Locke complementa que a única coisa que poderia derrubar a hipótese natural de que criaturas da mesma espécie, com as mesmas vantagens e faculdades, nascem em igual condição e liberdade seria se Deus, "senhor e amo de todos, por declaração manifesta de sua vontade, colocasse uns acima dos outros, conferindo-lhes, de forma clara e evidente, o direito inconteste de domínio e soberania" (*ST*, §4). No entanto, Deus nunca fez tal "declaração manifesta". Por exemplo, Ele não fez com que algumas pessoas nascessem com selas em suas costas, e outras, com botas e esporas. Por isso, sustenta-se a hipótese plausível da igualdade e liberdade naturais entre as pessoas.

Ainda assim, essa igualdade natural não é uma igualdade de "virtude", "excelência" ou "mérito". Antes, nossa igualdade natural consiste "naquele direito igual, que todo homem tem, à sua liberdade natural, sem estar sujeito à vontade ou autoridade de outro homem" (*ST*, §54). Todos nós "nascemos para" essa liberdade, mas não com ela (*ST*, §55). Somos dotados de nossos direitos morais totais quando nossa razão amadurece a ponto de sermos capazes de apreciar e cumprir a lei da natureza (*ST*, §59).

Retornando às citações de Locke no início do capítulo 1, veremos que, para ele, um "estado de perfeita liberdade" é aquele em que as pessoas podem "ordenar suas ações e dispor *de suas posses e pessoa* como julgarem melhor" (*ST*, §4, ênfase minha). Para cada pessoa, a liberdade é sua "autonomia para dispor e ordenar, como preferir, sua pessoa, suas ações, posses e toda sua propriedade, dentro da permissão das leis de seu governo e, portanto, não estar sujeito à vontade arbitrária de outra pessoa, mas seguir livremente sua vontade" (*ST*, §57). A liberdade não é, como Hobbes (e Filmer) defende, "*uma liberdade de todo homem fazer o que quiser* [ou melhor, deseja]" (*ST*, §57).

Maria se vê sujeita à vontade de João e, assim, se torna não livre se João (sem seu consentimento) cortar sua cabeça por diversão. Pois essa ação de João priva Maria do controle discricionário sobre sua própria pessoa. No entanto, na definição de liberdade de Locke, Maria não sujeita João a sua vontade e, por isso, não torna João não livre caso fuja dele, evitando que sua cabeça seja cortada. A fuga de Maria não priva João do controle discricionário sobre sua própria pessoa ou suas posses. A fuga de Maria nega controle discricionário de João sobre ela.

Considere outro exemplo que distingue claramente entre ações que privam e não privam a liberdade do outro.

Suponha que João escravize Maria (sem pedir sua licença, nem sua permissão). Da forma como Locke entende a liberdade, a ação de João priva Maria de liberdade, pois a impede de fazer o que quiser com sua própria pessoa. Agora, suponha que Maria fuja da escravização de João. Ela estaria negando a liberdade de João? Segundo a concepção hobbesiana de liberdade, a resposta é "sim". A fuga de Maria impede João de fazer o que ele deseja, ou seja, seguir controlando e explorando Maria. No entanto, na concepção de Locke, a fuga de Maria não viola a liberdade de João, pois não o priva do controle discricionário sobre sua própria pessoa: apenas nega a ele o controle discricionário sobre Maria. Como ela não impõe restrição ou violência sobre ele ao fugir de sua escravização, João não pode reclamar legitimamente que a fuga de Maria reduz a liberdade dele. Se concordarmos que João não pode reclamar legitimamente que a fuga de Maria se dá à custa da liberdade dele, devemos aceitar a concepção lockeana de liberdade.

Locke destaca que se a liberdade é uma questão de fazer o que se quer, então, o direito de cada pessoa à liberdade permitiria que ela privasse os outros da liberdade sempre que tivesse vontade. Por exemplo, o direito de João à liberdade permite que ele corte a cabeça de Maria por diversão e a escravize sempre que quiser. No entanto, Locke argumenta que nenhum indivíduo pode genuinamente ter liberdade se for permitido que qualquer pessoa o prive da liberdade sempre que ela quiser.

Como Locke retoricamente pergunta, "quem poderia ser livre, quando os caprichos de outro homem podem se impor aos seus?" (ST, §57). Ele conclui que liberdade não é a *"permissão de cada um fazer o que quiser, viver como quiser e não estar sujeito a nenhuma lei"* (ST, §22). Em vez disso, *"não há liberdade onde não há lei*" (*ST*, §57). De forma mais específica, "a liberdade natural do homem deve estar livre de qualquer poder superior na Terra e não depender da vontade ou da autoridade legislativa humana, tendo como única regra a lei da natureza" (*ST*, §22).

Devemos ter muito cuidado aqui sobre como entendemos as declarações de Locke sobre a natureza da liberdade. Ele parece endossar a doutrina de que a liberdade de cada indivíduo consiste em respeitar a lei da natureza (ou a legislação promulgada que esteja de acordo com a lei natural). Nessa visão, a liberdade de alguém consiste, paradoxalmente, em sua obediência! Contudo, a essência da visão de Locke é a de que um indivíduo é livre na medida em que os *outros* seguem a lei da natureza (ou legislação promulgada que está de acordo com a lei da natureza) em sua conduta perante o próximo, pois liberdade é "não estar sujeito às restrições e violência *dos outros*; o que não ocorre onde não há lei" (*ST*, §57, ênfase minha).

O ponto crucial aqui é que seu respeito a minha liberdade exige apenas que você me permita desfrutar pacificamente de minha própria pessoa e de minhas posses. Para respeitar minha liberdade, você não precisa permitir que eu corte sua cabeça por diversão, que o escravize ou tome uma de suas propriedades pelo fato de eu querer algo que exige que eu a use. Se tenho direito à liberdade, ele exige apenas que você me deixe em paz para fazer o que eu quiser com o que é meu. Meu direito de não me sujeitar a sua vontade não é um direito de sujeitá-lo a minha vontade.

Estamos, agora, preparados para avaliar melhor a diferença surpreendente entre Hobbes e Locke no que diz respeito à vida no estado de natureza. Para Hobbes, a liberdade natural de toda pessoa fazer o que julgar melhor está em conflito permanente com a liberdade de outra pessoa fazer o mesmo. Na raiz disso, a guerra de todos contra todos é a manifestação desse conflito generalizado de nossas liberdades naturais. Por isso, a solução final para a guerra de todos contra todos requer a eliminação de nossas liberdades pessoais e nossa subjugação às regras artificiais que um soberano absoluto decretará e fará cumprir.

Em comparação, para Locke, a liberdade natural de cada pessoa fazer o que bem entender *com sua própria pessoa e suas posses* é compatível com cada pessoa desfrutando sua própria liberdade. Qualquer conflito e desordem que possa existir no estado de natureza estará menos arraigado que a guerra de todos contra todos de Hobbes, visto que esse conflito e essa desordem não estarão arraigados em nossa liberdade natural como tal. Para Locke, a liberdade natural não é o problema central do ser humano. De fato, nossa liberdade natural oferece a estrutura inicial para relações pacíficas e cooperativas entre os indivíduos, mesmo que (como Locke defende) eles venham a ter que tomar parte na sociedade política para codificar e consolidar essa estrutura.

No entanto, antes de examinar o que Locke chama de "inconvenientes" do estado de natureza e as formas pelas quais nossas liberdades podem ser mais bem delineadas e protegidas ao renunciar a esse estado, temos que examinar, no capítulo 3, os argumentos que ele oferece para explicar por que todos os indivíduos nascem com um direito natural à liberdade e, no capítulo 4, a descrição que ele oferece para a aquisição de posses *justas*, isto é, dos direitos de propriedade.

Direitos naturais

O homem já nasce (...) com um direito à perfeita liberdade.

(...)

O homem no estado de natureza [é] o senhor absoluto de sua própria pessoa e posses, igual em grandeza, e sujeito a ninguém.

(...)

Ninguém pode desejar *ter poder absoluto sobre mim*, a não ser para me obrigar pela força a algo que contraria o direito à minha liberdade, ou seja, tornando-me um escravo. Ser livre de tal força é a única garantia de minha preservação; e a razão me faz encará-lo como um inimigo a minha preservação, que tiraria a liberdade que a protege (...).

JOHN LOCKE, *Segundo tratado sobre o governo civil*: §87, §123, §17.

NO CAPÍTULO 1, COMPAREI A VISÃO DE LOCKE DE QUE O estado de natureza tem uma lei da natureza que o governa com a visão de Hobbes de que esse estado não passa de um "vale-tudo" moral cujo resultado é a guerra de todos contra todos. Para Hobbes, precisamos fugir do estado de natureza instituindo um soberano cujas ordens – não importa quais sejam – definem o que é legal e justo. Para Locke, existem padrões objetivos naturais de legalidade e justiça que são independentes de quaisquer ordens de um soberano e que vinculam moralmente todos os indivíduos – incluindo qualquer soberano que possa ser alçado ao poder.

No capítulo 2, comparei o entendimento de Locke e de Hobbes sobre a liberdade. Para Hobbes, a liberdade consiste em fazer o que se quer. Em contraste, Locke defende que a liberdade diz respeito a fazer o que você achar melhor com sua pessoa (incluindo nossa liberdade, membros e trabalho) e suas posses. Na visão de Hobbes, é muito provável que a liberdade de uma pessoa entre em conflito com a liberdade das outras. Na visão de Locke, a liberdade genuína de cada pessoa é compatível com a liberdade semelhante dos outros. Portanto, a ordem social pacífica não pede a renúncia total de liberdade. Em vez disso, pede a articulação mais precisa dos limites de nossas respectivas esferas de liberdade, fazendo-os valer de forma mais efetiva.

Neste capítulo, apresentarei os argumentos de Locke sobre o direito natural de cada pessoa à liberdade. Locke entende que o direito individual à liberdade toma a forma dos direitos individuais. O direito à liberdade e o direito de não ser privado do controle discricionário sobre sua pessoa e posses são dois lados da mesma moeda. Além disso, Locke equipara violações contra a liberdade à subordinação à vontade dos outros. Assim, seus argumentos pelo respeito à liberdade individual ora focam nas razões que temos para exigir liberdade para nós mesmos, reconhecendo a demanda igual dos outros, ora focam no direito que cada um de nós tem de não ser atacado "em sua vida, saúde, liberdade e posses" e, por outras vezes, focam nas razões por que não há justificativa para qualquer indivíduo ser subordinado à vontade dos *outros* (*ST*, §4, §6).

Explicarei três fortes argumentos que Locke oferece para atribuir a todas as pessoas um direito natural à liberdade que não depende de premissas teológicas controversas. Também discutirei um argumento mais fraco que depende da premissa teológica de que os seres humanos são "obras" de Deus. Explico por que esse argumento não sustenta a conclusão sobre os direitos humanos que o próprio Locke busca estabelecer.

No entanto, a explicação dos argumentos de Locke para um direito natural à liberdade deve começar pela controvérsia moral crucial que contextualiza a discussão. Em uma nota não publicada no final dos anos 1670, Locke escreve: "Moralidade é uma forma normativa para o homem obter a felicidade. (...) Como o fim e o alvo de todos os homens é sua própria felicidade, nada pode ser para eles uma regra de lei cuja observância não leve à felicidade, e cuja violação [não] traga sofrimento como consequência" ("Morality"; in Locke, 1997: 267).

Em seu *Ensaio sobre o entendimento humano* – publicado em 1689, mesmo ano que *Dois tratados* e *Carta acerca da tolerância* – Locke mantém que toda felicidade é "o verdadeiro objeto de desejo em geral". No entanto, cada indivíduo é movido apenas pela busca da felicidade "que é parte necessária de sua felicidade. (...) Todos os outros bens, não importa quão relevantes em realidade ou aparência, não excitam os desejos do homem que não vê neles parte daquela felicidade com que ele, em sua mente, pode se satisfazer" (Locke. *Essay Concerning Human Understanding*, vol. 1: 341). Em outra nota não publicada, escrita pouco antes da publicação de *Dois tratados*, Locke afirma: "É o propósito correto do homem buscar a felicidade e evitar o sofrimento" ("Thus I Think"; em Locke, 1997: 296). Então, a premissa que fundamenta os argumentos de Locke em defesa dos direitos naturais é que cada pessoa persegue racionalmente sua própria felicidade.

A ideia de que é racional que os indivíduos busquem seu bem-estar individual – seja em termos de felicidade, autopreservação ou liberdade preservada – reaparece no *Segundo tratado*, quando Locke nos diz que as pessoas devem viver em sociedade "apenas com a intenção de melhor proteger sua liberdade e propriedade (pois não se pode esperar que nenhuma criatura racional mude suas condições de vida com a intenção de piorar) (...)" (*ST*, §131).

Em *Dois tratados*, todavia, Locke não aborda diretamente a racionalidade da busca da felicidade pessoal. Em vez disso, foca na racionalidade da busca da autopreservação e na demanda de cada indivíduo por respeito a sua liberdade. A autopreservação vem à tona porque é a condição crucial para que o indivíduo conquiste sua felicidade. É por isso que a lei da natureza inclui uma "lei fundamental, sagrada e inalterável de autopreservação (...)" (*ST*, §149). A liberdade aparece porque ser livre da restrição e violência dos outros é a condição crucial para que cada indivíduo assegure sua autopreservação: "Ser livre de tal força é a única garantia de minha preservação, e a razão me faz encará-lo como um inimigo a minha preservação, que tiraria a *liberdade* que a protege (...)" (*ST*, §17). O respeito pela liberdade é o princípio interpessoal que cada indivíduo racionalmente pede que os outros obedeçam, e que cada indivíduo reconhece a racionalidade de todos os outros que pedem que ele o obedeça.

Consideremos agora quatro argumentos específicos em nome do direito natural à liberdade que podem ser extraídos do texto de Locke: o *argumento da generalização*, o *argumento da obra de Deus*, o *argumento de não ser feito para os propósitos dos outros* e o *argumento da razão semelhante*.

O ARGUMENTO DA GENERALIZAÇÃO

Locke cita uma longa passagem do teólogo e pensador político Richard Hooker. Nela, Hooker argumenta que, se você exige obter benefícios dos outros, deve reconhecer que eles também podem exigir receber benefícios de você – pois nós somos, por natureza, semelhantes morais, e "as coisas que são semelhantes devem ter todas uma única medida" (*ST*, §5). Essa citação tem de ser lida no contexto da afirmação de Locke de que a exigência que todo indivíduo racional faz contra os outros é uma exigência de liberdade (*ST*, §17). Como cada pessoa racionalmente exige liberdade perante outras pessoas, e todos são semelhantes morais "no respeito pela jurisdição ou domínio uns sobre os outros" (*ST*, §54), cada pessoa está racionalmente comprometida a reconhecer a exigência das outras à liberdade.

O ARGUMENTO DA OBRA DE DEUS

Em meio a seus outros argumentos pelo direito natural à liberdade, Locke declara, de forma abrupta, que "todos os homens são obra de um Criador onipotente e infinitamente sábio;

todos são servos de um mestre soberano, enviados ao mundo por ordem Sua e para cumprir Seus negócios; eles são Sua propriedade e Sua obra, feitos para durar o quanto Lhe aprouver, e não aos outros (...)" (*ST*, §6). A premissa não teológica central aqui será crucial para a descrição subsequente de Locke dos direitos de propriedade humanos. É que, se você cria algo através de seu trabalho com recursos naturais, tem o direito sobre o objeto criado. Neste argumento, a premissa teológica é a de que Deus é o criador, e os seres humanos, Seus produtos.

O principal problema desse argumento é que não confirma a própria conclusão de Locke. Sua conclusão é a de que é errado João matar Maria por diversão, pois isso violaria *o direito de propriedade de Deus* sobre Maria. Se correto, estabelece o direito de *Deus* sobre todos, não o direito de cada um sobre sua própria pessoa. Em vez de instituir os direitos humanos, implica que não existem direitos humanos fundamentais, ou seja, que a ação de qualquer pessoa depende da permissão de Deus. Embora você possa querer aceitar essa visão, ela é incompatível com a visão lockeana de que os seres humanos têm direitos morais entre si com base no tipo de seres que são, e não com base na vontade de Deus.

O ARGUMENTO DE NÃO SER FEITO PARA OS PROPÓSITOS DOS OUTROS

Esse argumento é expressado nos parágrafos imediatamente anteriores e posteriores à declaração do *argumento da obra de Deus*.

> O estado de natureza é governado por uma lei da natureza a que todos os indivíduos estão sujeitos: a razão é essa única lei que ensina a todos, e a única a ser consultada; sendo todos *iguais e independentes*, ninguém deve causar danos ao outro em sua vida, saúde, liberdade ou posses: (...) [O argumento da obra de Deus entra aqui] (...) e sendo dotados de faculdades similares, compartilhando tudo em uma única comunidade da natureza, não se pode conceber que exista nenhuma *subordinação* entre nós que nos autorize a destruir uns aos outros, como se tivéssemos sido feitos para uso dos outros (...). (*ST*, §6)

Somos seres iguais *e independentes* – cada qual perseguindo racionalmente a própria preservação e felicidade. Cada um tem um propósito fundamental e, portanto, nenhum existe para servir aos propósitos dos outros. Somos feitos, por assim dizer, para nossos próprios propósitos, e não para os dos outros. Se João subordina Maria a sua vontade, tratando-a não como um ser com seu próprio propósito, mas como um objeto moralmente disponível para seu uso, a conduta de João contraria o fato de que Maria é um ser independente com seu próprio propósito motivador. Qualquer ação subordinadora é contrária à razão e, logo, injustificada.

Se levarmos em conta o fato de que cada pessoa é um ser naturalmente igual e independente, temos que concluir que cada "homem, no estado de natureza, é o senhor absoluto de sua própria pessoa e posses, igual em grandeza, e sujeito a ninguém (...)" *ST*, §123). Observe que, apesar de o *argumento da obra de Deus* não concluir que os seres humanos têm direitos sobre si mesmos, Locke pode tê-lo considerado como apoio ao *argumento de não sermos feitos para os propósitos dos outros* porque, se somos feitos para os propósitos de Deus, não somos, de qualquer maneira, feitos para os propósitos dos outros.

O ARGUMENTO DA RAZÃO SEMELHANTE

Seguindo imediatamente o *argumento de não sermos feitos para os propósitos dos outros*, Locke afirma (em uma frase sensacional):

> (...) cada um é obrigado *a preservar sua própria vida* e a não renunciar voluntariamente a sua condição; por razão semelhante, também é obrigado *a preservar o resto da humanidade*, na medida do possível, quando sua própria preservação não estiver em risco, e não pode, salvo para fazer justiça sobre um delinquente, tirar ou impossibilitar a vida ou o que a preserva, nem a liberdade, saúde, corpo ou bens de outro. (*ST*, §6)

À primeira vista, Locke parece estar dizendo que, assim como cada pessoa deve se preservar, também deveria preservar os outros – pelo menos, quando a preservação dos outros "não colocar em risco" sua própria preservação. Ainda assim, essa leitura do *argumento da razão semelhante* de Locke deve estar equivocada.

Por um lado, o dever positivo de "preservar o resto da humanidade" seria inconsistente com a visão lockeana de que somos seres naturalmente independentes, e que não nascemos para servir aos propósitos dos outros. Além disso, Locke nunca caracteriza o dever de "preservar o resto da humanidade" como uma obrigação de promover a preservação dos outros. Em vez disso, explica esse dever como uma obrigação negativa de não "tirar ou impossibilitar a vida ou o que a preserva, nem a liberdade, saúde, corpo ou bens de outro" (*ST*, §6). É um dever de "ser impedido de invadir o direito dos outros e de causar-lhes mal" (*ST*, §7). Em resumo, o próprio Locke toma o dever de "preservar o resto da humanidade" como o dever de respeitar seu direito ao controle discricionário sobre a própria vida e posses, ou seja, respeitar seu direito à liberdade.

Como pode, então, o *argumento de razão semelhante* ser entendido como favorável a esse direito à liberdade? Sugiro esta linha de argumentação: assim como você deve preservar a si mesmo, toda pessoa deve se preservar. Você tem razão de buscar sua preservação confortável, e outra pessoa, *por razão semelhante*, buscar a dela. Qual é a importância desse fato surpreendente sobre as *outras* pessoas para *sua* conduta para com elas? Para você, a importância não pode ser que você deveria priorizar os fins dos outros. Isso faria com que você – e qualquer outro indivíduo – existisse (quase inteiramente) para os propósitos dos demais.

Em vez disso, para você, a importância de os outros terem sua própria preservação confortável como seu respectivo fim adequado é que *permite* que os outros empreguem suas vidas e posses como preferirem em sua busca dos próprios fins. O fato de que outros – como você – têm seus próprios fins nos fornece a razão para não interferir em seus esforços para atingir seus fins. Reconhecemos a condição dos outros como seres independentes com seus próprios fins ao não tratá-los como simples meios para nossos próprios fins.

Segundo Locke, o direito básico à liberdade não esgota os direitos naturais com os quais todos nós nascemos. No estado de natureza, se alguém está prestes a violar seu direito à liberdade, você pode fazer mais do que pedir que ele desista. Tem o direito de exigir – pela força, se necessário – que respeite seu direito à liberdade. Locke ampara esse direito natural de autodefesa no argumento de que os próprios violadores de direitos abandonaram a lei da natureza, ou seja, o poder da razão – portanto, não podem mais exigir proteção dessa lei. Eles usam, ou buscam usar, "força sem direito" e, portanto, se colocam em um estado de guerra contra suas vítimas (*ST*, §19): "(...) alguém pode destruir um homem que lhe declara guerra (...) pela mesma razão que pode matar um *lobo* ou um *leão*; porque tais homens não se submetem à lei comum da razão, não seguem outra lei senão aquela da força e violência e, assim, podem ser tratados como animais selvagens (...)" (*ST*, §16).

Além da autodefesa, os indivíduos podem usar a força licitamente após violações de direitos para obter reparação dos violadores e puni-los. Se você rouba uma cabra, posso recuperá-la, digamos, invadindo seu terreno sem sua permissão ou ameaçando agredi-lo, a menos que a devolva. Se você já comeu a cabra, posso usar a força para garantir alguma forma alternativa de reparação, por exemplo, uma dezena de galinhas. Além disso, posso usar a força para puni-lo: "(...) toda transgressão pode ser punida a um grau, e com tal severidade, que seja suficiente para infligir um dano proporcional ao ofensor, dando-lhe uma causa para se arrepender e impedir que os outros o imitem" (*ST*, §16). Após pegar aquelas doze galinhas, posso lhe dar um soco na cara.

Locke defende que cada pessoa, no estado de natureza, tem o direito de punir qualquer violador de direitos, não apenas aqueles que violaram seus direitos. Cada violação "sendo uma transgressão contra a paz e segurança de toda a espécie, proporcionadas pela lei da natureza, todo homem pode reivindicar seu direito a preservar a humanidade, punindo ou, se necessário, destruindo o que lhe é nocivo (...)" (*ST*, §8). Contudo, esse direito de "preservar a humanidade em geral" só lhe permite restringir ou, se necessário, destruir os violadores de direitos, ou seja, aqueles que sem motivo tiram ou impossibilitam a vida, a liberdade ou as posses dos outros.

Capítulo 4

Direitos de propriedade

> Todo homem tem uma *propriedade* em sua própria *pessoa*: e só ele tem direito a ela. Só o *trabalho* de seu corpo, e o trabalho de suas mãos, podemos dizer que são propriamente dele. Tudo que ele tira do estado de natureza e mistura com seu *trabalho* torna-se sua *propriedade*.
>
> (...)
>
> Fora dos limites da sociedade, sem nenhum tipo de pacto, os homens tornaram possível essa divisão [ou seja, partilha] de posses particulares desiguais, apenas atribuindo um valor ao ouro e à prata, concordando tacitamente com o uso do dinheiro (...).
>
> JOHN LOCKE, Segundo tratado sobre o governo civil: §27, §50.

LOCKE NOS DIZ QUE O DIREITO À LIBERDADE INCLUI O

direito de você fazer o que preferir com suas posses. Contudo, ele não afirma que você possa fazer tudo o que quiser com o que possui, em especial, se o adquiriu de forma ilícita, por meio de roubo ou fraude. Esse direito conflitaria com os direitos das vítimas desses crimes de fazerem o que quiserem com suas posses. Assim, Locke precisa de uma teoria de direitos de propriedade que explique por que certos métodos de aquisição geram direitos de propriedade sobre os objetos adquiridos e por que outros não.

Em seu *Primeiro tratado*, Locke argumenta que, como "o homem precisa viver e permanecer algum tempo sobre a face da Terra", deve ter o direito de "fazer uso daquelas coisas que são necessárias ou úteis para seu Ser" (*FT*, §86). Se os seres humanos quiserem atingir uma preservação confortável, devem poder usar e, de fato, exercer controle discricionário sobre os objetos externos a suas próprias pessoas, por exemplo, sementes, arados e campos preparados para o cultivo.

Segundo Locke, todavia, ninguém nasce com direitos específicos a determinados objetos úteis. Na verdade, ele diz que Deus deu a terra a toda a humanidade (*ST*, §25). Ainda assim, ele não quer dizer que somos, originalmente, herdeiros conjuntos da Terra. Em vez disso, afirma duas coisas. Primeiro, diferentemente de Filmer, a Terra não foi dada a nenhum indivíduo particular, por exemplo, a Adão e seus descendentes (*ST*, §26). Segundo, a terra como matéria-prima é comum à humanidade no sentido de que, originalmente, não tem dono, e todas as suas partes estão disponíveis para a justa aquisição individual. Por isso, novamente, precisamos de uma teoria dos direitos de propriedade que especifique o procedimento através do qual os indivíduos podem converter parcelas de terra comuns em suas posses legítimas

(*FT*, §87). Essa especificação é oferecida no segundo capítulo do *Segundo Tratado*, "Da propriedade". É a famosa teoria da "mistura com trabalho" da aquisição original.

Os argumentos de Locke a favor do direito natural à liberdade estabelecem que "todo homem tem uma propriedade em sua própria pessoa" (*ST*, §27). Cada pessoa é "mestre de si mesma e *proprietária de sua pessoa*" (*ST*, §44). Isso implica que cada pessoa tem propriedade sobre as próprias habilidades, os próprios talentos e trabalho. Utilizando termos atuais, cada pessoa tem direito sobre seu capital humano e sobre a aplicação e investimento desse capital. Assim, Locke argumenta que se alguém "mistura" seu trabalho com alguma matéria-prima comum, adquire direito sobre o objeto resultante. A razão é que seu trabalho está agora imbuído neste objeto. Está "anexado" à matéria-prima em que o trabalho foi gasto. Por isso, se esse objeto é roubado ou destruído por outro alguém sem seu consentimento, é seu trabalho que é roubado ou destruído: "Aquele que obedecendo esse comando divino [melhorar a terra em benefício da vida] se tornou dono de uma parcela da terra, a cultivou e a semeou, acrescentou algo que era sua propriedade que ninguém poderia reivindicar nem tomar dele sem injustiça" (*ST*, §32).

É importante reconhecer que Locke não pensa no trabalho do indivíduo em termos quantitativos e materiais. Em vez disso, o trabalho é um processo em que o indivíduo investe seu tempo, esforço, talento e conhecimento em um material anteriormente bruto com o objetivo de transformá-lo para servir melhor sua vida. Quando o produto desse investimento é violado, é o trabalho que está sendo expropriado.

Há duas formas básicas pelas quais o tempo, esforço, talento e conhecimento de um indivíduo podem ser expropriados por outro: uma forma *anterior* à produção e uma forma *posterior* à produção. Na primeira, João chega, aponta uma arma para a cabeça de Maria e ameaça atirar, a menos que ela empregue seus poderes para produzir uma safra de milho para ele. Na segunda, João fica de lado, enquanto Maria investe seu tempo, esforço, talento e conhecimento para produzir uma safra de milho. Então, João reaparece, aponta sua arma e rouba dela a colheita. Para Locke, essas duas ações coercitivas de João se equivalem moralmente. Em certa medida, ambas envolvem a escravização parcial de Maria. Se você condena o método de expropriação *anterior* à produção, deve igualmente condenar o método *posterior* à produção. E condenar o método *posterior* é afirmar o direito do produtor ao produto do investimento de seu tempo, esforço, talento e conhecimento.

Obviamente, a maior parte do que os indivíduos possuem de forma justa não veio através de aquisição *original* justa. Esta dá início a um processo em que os indivíduos produzem não apenas para consumo próprio, mas também para negociar por produtos que outros produziram. Maria, especialista na lavoura de milho, produz muito mais do que ela ou sua família podem consumir, e troca a maior parte de seu milho por produtos – como arados e compotas de pêssego – que outros produzem para comercializar por serem especialistas na produção desses artigos. Quanto mais fortemente articulada é a economia, mais as posses justas serão adquiridas através de trocas de mercado consideradas mutuamente benéficas. (É possível também adquirir posses como compensação por violações de direitos.)

Locke não explica claramente por que, quando Maria troca parte de seu milho por algumas compotas de pêssego de João, adquire um direito a elas que todos (não só João) devem respeitar, e João adquire um direito ao milho que todos (não só Maria) devem respeitar. Acredito que existam duas razões para essa lacuna na doutrina de Locke. Em primeiro lugar, os filósofos políticos do século XVII concordavam que seu principal dilema era descobrir *as origens* da propriedade privada. Após elucidá-lo, Locke pode ter pensado que completara a tarefa crucial de qualquer teórico dos direitos de propriedade. Da mesma forma, pode ter pensado que o direito de cada pessoa a que os outros cumpram seus acordos com ela bastava para explicar o direito de cada indivíduo sobre bens e serviços particulares adquiridos por meio da troca voluntária.

Note que a discussão de Locke sobre direitos de propriedade adquiridos integra sua teoria dos direitos naturais. A origem dos direitos através da mistura de trabalho, comércio e reparação não requer a permissão ou o aval de nenhuma autoridade política. Em sua ilha isolada, João e Maria podem adquirir direitos de propriedade interagindo com os materiais do ambiente e entre si. Mesmo assim, como veremos no próximo capítulo, Locke pensa que esses direitos não estarão seguros no estado de natureza, e que essa insegurança encorajará as pessoas a instituir uma estrutura política que garantirá esses direitos de propriedade.

Segundo Locke, há um outro aspecto importante que não requer ação governamental. O dinheiro não surge através de decretos governamentais, mas sim por meio de um "acordo tácito e voluntário" entre os indivíduos (*ST*, §50). Através da "imaginação ou convenção" das pessoas, confere-se valor a "ouro, prata e diamantes", o que lhes permite funcionar como dinheiro, ou seja, como reservas de valor e meios de troca (*ST*, §46). A existência do dinheiro facilita muito o comércio porque substitui as formas de escambo e facilita as trocas. Além disso, o dinheiro aumenta muito o incentivo a produzir para comercializar, já que permite que os comerciantes poupem seus ganhos. O dinheiro estimula a diligência humana:

> (...) eu pergunto que homem atribuiria um valor a 10 mil ou a 100 mil hectares de uma terra excelente, fácil de cultivar e bem provida de gado, porém localizada no coração da América, se lá não existisse nenhuma possibilidade de negociar com outras partes do mundo e ganhar dinheiro com a venda de sua produção. Cercar essa terra não valeria a pena, e veríamos esse homem retornar ao estado selvagem de natureza, produzindo o estritamente necessário para fornecer os bens vitais para si e sua família. (ST, §48)

O dinheiro aumenta exponencialmente as oportunidades e motivações das pessoas para desenvolver e aplicar seu capital humano. Dessa forma, o dinheiro – combinado com o reconhecimento do direito das pessoas aos produtos de seu trabalho e aos lucros de seus negócios – aumenta muito a riqueza.

De fato, o valor dos bens que melhoram a vida se deve quase totalmente à engenhosidade humana que entra em sua produção: "(...) o trabalho representa a parte mais importante do valor das coisas que desfrutamos neste mundo: e o solo que produz as matérias-primas raramente entra na avaliação, ou entra com uma parte muito pequena [do valor] (...)" (*ST*, §42). Embora a matéria-prima disponível para a humanidade possa ser limitada, a produtividade humana não é. A produtividade pode crescer; e a produtividade crescente de uma pessoa é totalmente compatível com – e, de fato, provavelmente gera – aumentos na produtividade dos outros. Assim, todos os envolvidos são beneficiados sob um regime que estabelece "leis de liberdade que garantem a proteção e o incentivo ao trabalho honesto da humanidade" (*ST*, §42). Locke rejeita a visão de soma zero que implica que o ganho econômico de uma pessoa deve vir da perda (do ganho econômico) de outra.

Mesmo antes de o dinheiro existir, "por diferentes graus de produção", os indivíduos adquiriam "bens e posses em proporções diferentes" (*ST*, §48). Quando a existência do dinheiro aumenta o escopo e intensidade da atividade econômica, a diferença de riqueza entre as pessoas tende a aumentar. Essa perspectiva leva Locke a questionar se "o homem pode *acumular* tanto quanto quiser" (*ST*, §31). Ele responde que há dois limites à aquisição justa, embora, como veremos, defenda que esses limites são naturalmente observados ou prontamente evitados.

O primeiro limite sobre a aquisição original justa diz respeito ao desperdício. Já que o propósito da aquisição é servir à vida humana, se João adquire, através de seu trabalho, mais quilos de morangos do que ele e sua família podem consumir (ou trocar via escambo) antes de eles apodrecerem, ele não terá um direito válido sobre eles. Os morangos que apodreceriam em posse de João pertencerão aos outros, pelo menos no sentido de que continuam comuns e, portanto, podem ser usados e apropriados pelos outros (*ST*, §31).

Ainda assim, a violação desse limite é improvável. Antes da existência do dinheiro, se João for minimamente racional, simplesmente não adquirirá, através do trabalho (ou escambo), mais morangos do que ele e sua família podem consumir. Após a criação do dinheiro, João consegue evitar o desperdício ao converter os morangos, que de outra forma estragariam, em "bens duráveis", tais como pedaços de metal, conchas ou pedras brilhantes.

Quando a conversão em dinheiro se torna possível, a regra do não desperdício deixa de ser uma restrição sobre a extensão das posses legítimas de alguém. Pois a pessoa que converte em dinheiro o que de outra forma apodreceria "poderia guardar a quantidade que quisesse desses bens duráveis, pois o excesso dos limites de sua justa propriedade não está na dimensão de suas posses, mas no fato de perecerem inutilmente" (ST, §46).

Mais importante e complexa, a segunda restrição de Locke sobre a acumulação individual de posses é sua exigência de que a aquisição privada de matérias-primas reserve "o suficiente e igualmente bom" para os outros (ST, §27). Antes do surgimento do dinheiro, as pessoas cumpriam essa restrição naturalmente. Afinal, as pessoas se engajarão apenas em aquisições modestas de matérias-primas se não houver perspectiva de ganho monetário através da expansão dessa aquisição para aumentar a produção dos bens e serviços que colocarão à venda: "Onde não houver nada durável e raro, com valor para ser acumulado, lá, os homens não serão capazes de expandir suas posses em terras, mesmo que sejam férteis e estejam disponíveis a todos" (ST, §48).

Além disso, antes da introdução do dinheiro, as famílias que saem da vida de caçadores-coletores sobre terras comuns para a vida de cultivadores de lotes privados de terra *aumentam* a terra disponível para os outros. É por isso que um cultivador privado precisa de muito menos terra para seu uso do que o caçador-coletor. Uma tribo de caçadores-coletores composta de cem famílias pode precisar de dez mil hectares para viver – ou seja, cem hectares por família. Contudo, quando uma família dessa tribo se estabelece como cultivadora, só precisa e tem interesse em adquirir dez hectares desse terreno. Assim, aquela família proprietária concede noventa hectares ao resto das famílias caçadoras-coletoras. O resultado são 100,91 hectares para cada uma das famílias caçadoras-coletoras restantes, "e, portanto, quem cerca a terra e tira de dez hectares uma abundância muito maior de produtos para a conveniência de sua vida do que tiraria de cem hectares no estado de natureza concede, na verdade, noventa hectares à humanidade (...)" (*ST*, §37).

No entanto, quando surge o dinheiro e, junto com ele, as perspectivas de excedentes da produção industriosa, os indivíduos têm muito mais incentivo para adquirir mais matérias-primas para expandir a produção. Isso pode fazer com que matérias-primas "suficientes e igualmente boas" não sobrem para os outros (*ST*, §36). No entanto, Locke apresenta dois argumentos, um explícito e outro implícito, para explicar por que esse avanço não viola a "regra do não desperdício". O argumento explícito é frágil; o argumento implícito, muito mais forte.

O argumento fraco e explícito é que, já que todo o mundo concordou tacitamente com a introdução do dinheiro, automaticamente concordou com as consequências óbvias disso, e, já que uma delas é que não sobrarão matérias-primas para alguns, concordar com a introdução do dinheiro equivale a superar a regra do não desperdício.

Esse argumento é fraco porque apenas se o dinheiro tivesse sido criado por um "pacto" expresso e intencional seria minimamente plausível que sua criação ignorasse a regra do não desperdício. Ainda assim, o próprio Locke insiste que o dinheiro não surgiu através de nenhum "pacto" (*ST*, §50), mas sim de "acordo imaginário ou [tácito]" (*ST*, §46). Além disso, não temos motivos para acreditar que todos tenham sido signatários da "imaginação ou acordo" que supostamente criou o dinheiro. Por isso, mesmo que esse acordo excluísse a restrição a seus signatários, não teríamos motivos para acreditar que algumas pessoas manteriam seu direito a invocá-la.

O argumento implícito e mais forte de Locke emerge quando consideramos a razão pela qual todas as pessoas devem saudar a introdução do dinheiro, concordando ou não com ele. Para Locke, cada indivíduo deve saudar qualquer avanço porque é "melhor para proteger a si mesmo, sua liberdade e propriedade" ou, de modo geral, para sustentar ou melhorar seu bem-estar (ST, §131). Se cada pessoa tem razão para saudar a introdução do dinheiro deve ser porque, *no final das contas*, as oportunidades de cada um provavelmente serão majoradas.

Para alguns, no entanto, a introdução do dinheiro impactará negativamente suas oportunidades econômicas pelo fato de não haver mais *matéria-prima* para eles tomarem posse por meio da aquisição inicial. Então, para que cada pessoa receba bem a introdução do dinheiro, deve haver efeitos positivos e compensatórios que garantam que todos – incluindo aqueles com menos oportunidade para se tornar proprietários *iniciais* de matéria-prima – pelo menos não piorem sua situação em relação à oportunidade econômica. O fato de existirem efeitos compensatórios é a prova empírica no centro do argumento implícito de Locke.

Precisamos lembrar que quase ninguém vive bem (ou mesmo sobrevive) apenas com matérias-primas. Quase todos que vivem em boas condições o fazem aproveitando-se de um conjunto de oportunidades econômicas criadas pelo desenvolvimento extensivo da propriedade privada, da produtividade humana e do comércio – amplamente fortalecido pela introdução do dinheiro. Essa é a fonte primária da oportunidade econômica, a oportunidade de adquirir materiais *produzidos* por meio do comércio, de se beneficiar através da produção para o comércio e aperfeiçoar e vender as diversas capacidades laborais que adquirem valor neste ambiente econômico.

As oportunidades dependem muito mais de participar do tipo de ordem econômica de mercado que emerge com o estabelecimento dos direitos de propriedade e a introdução do dinheiro do que fazer parte da aquisição original de matérias-primas. (Isso é, em grande parte, uma consequência do fato de que o desenvolvimento e aplicação do capital humano são muito mais importantes que a matéria-prima na geração de oportunidade econômica e riqueza). Qualquer perda de oportunidade que resulte de alguém ser menos capaz de ser um adquirente *inicial* de matérias-primas será compensada por seu ganho na gama de oportunidades econômicas que vão além desse tipo de aquisição bruta. Ou, expondo a conclusão de Locke de forma mais modesta, ninguém poderá reclamar com justiça de não poder ser um adquirente inicial de matéria-prima a menos que tenha sido excluído das oportunidades compensatórias que o progresso econômico baseado na privatização total, bem como no crescimento da produtividade e do comércio, normalmente oferece.

O argumento implícito de Locke de por que a introdução dos direitos de propriedade e do dinheiro não violam a exigência de restar "suficiente e igualmente bom" para os outros depende de uma distinção igualmente implícita entre seus dois entendimentos. O entendimento estreito é que ninguém deve ter menos oportunidade de ser um adquirente inicial de matéria-prima. O entendimento amplo é que ninguém deve ter menos oportunidade econômica. O argumento implícito de Locke é que, embora a introdução da propriedade e do dinheiro possa levar alguns indivíduos a ter menos oportunidades de serem adquirentes iniciais de matéria-prima, a introdução da propriedade e do dinheiro, pelo menos, costuma *aumentar* as oportunidades econômicas de todos.

A visão de Locke, então, é que o desperdício e as restrições de reservar "o suficiente e igualmente bom" expressam limites teóricos sobre a propriedade legítima do indivíduo. Contudo, no curso normal dos eventos – tanto antes como depois da introdução do dinheiro –, posses que surgem através de atos justos de aquisição inicial, comércio e reparação não violarão esses limites. De modo geral, a introdução dos direitos de propriedade, do dinheiro e do comércio tenderá tanto a aumentar a desigualdade de posses (comparada ao estado de natureza anterior à propriedade e ao dinheiro) quanto a ser economicamente vantajosa para todos.

Capítulo 5

Inconvenientes do estado de natureza e sua solução

Se no estado de natureza o homem é tão livre quanto se diz, se ele é o senhor absoluto de sua própria pessoa e posses, igual em grandeza e súdito de ninguém, por que abandonaria sua liberdade? (...) A resposta é óbvia: mesmo que ele tenha esse direito, o gozo dele é incerto no estado de natureza, e constantemente exposto à invasão dos outros. Todos são reis como ele, seus iguais, e a maior parte não respeita estritamente a igualdade e a justiça, o que torna o gozo de sua propriedade nesse estado muito inseguro e perigoso.

(...)

Afirmo tranquilamente que o governo civil é a solução adequada para os inconvenientes do estado de natureza (...).

JOHN LOCKE, Segundo tratado sobre o governo civil: §123, §13.

LEMBRE QUE, ALÉM DOS DIREITOS À VIDA, LIBERDADE E propriedade, cada indivíduo possui, por natureza, o direito de se defender, extrair reparação de perdas por violações de direitos e punir os violadores de direitos. Se João tentar escravizar Maria na ilha isolada em que vivem, ela poderá usar a força (ou a fraude) para ameaçá-lo. Se ele conseguir escravizá-la, Maria terá o direito não só de fugir, mas também de obter reparações de João, punindo-o por violar o direito dela à liberdade (*ST*, §10). Locke se refere a esse direito de proteger e garantir os direitos à vida, liberdade e propriedade como o "poder executivo da lei da natureza" (*ST*, §13).

Locke defende que, no estado de natureza – principalmente antes da introdução do dinheiro –, a maioria das pessoas estará inclinada a respeitar os direitos dos outros à vida, liberdade e propriedade, pelo menos se espera respeito recíproco dos outros. No entanto, isso não se aplica a todas as pessoas. Aquelas que não seguem a razão, a qual nos ensina que somos seres iguais e independentes que não devem ser subordinados aos outros, podem não cumprir as leis centrais da natureza. Outras podem seguir a razão e, desse modo, estar cientes de que cada um é "senhor absoluto de sua própria pessoa e posses" (*ST*, §123), e mesmo assim tenderem a se comportar "como animais de caça" (*ST*, §16). Outras ainda podem desejar "o benefício da dor do outro" (*ST*, §34), tentando roubar o trabalho ou os frutos do trabalho dos outros, ou dos bens que esses adquiriram através da troca voluntária.

No estado de natureza, a perspectiva de pessoas exercendo seus direitos de defesa, reparação e punição impedirá a violação de direitos. E o exercício preciso e adequado desses direitos impedirá as violações que não forem dissuadidas. Contudo, nem toda reação a *aparentes* violações de direitos será adequada e efetiva. No estado de natureza, as pessoas julgarão seus próprios casos, e quanta força defensiva, reparação e punição devem impor sobre aqueles que julgam culpados. Além disso, "(...) a autoestima tornará os homens parciais em relação a si próprios e a seus amigos; por outro lado, (...) a má natureza, a paixão e a vingança os levarão longe demais ao punir os outros (...)" (*ST*, §13). Indivíduos podem acreditar que estão exercendo o poder executivo da lei da natureza enquanto estão, na verdade, usando a força de forma injusta. E outros que antecipam essa força injusta podem fazer julgamentos apressados.

Locke acredita que inconvenientes desse tipo serão esporádicos antes da introdução do dinheiro. Durante esse estágio pré-monetário do estado de natureza, "o que cada um pegava para si era facilmente visível, e era tão inútil quanto desonesto pegar demais para si, ou tomar mais do que o necessário" (*ST*, §51).

> A igualdade de um modo de vida simples e modesto, confinado aos desejos restritos da pequena propriedade de cada homem, despertava poucas controvérsias, logo, não eram necessárias muitas leis para resolvê-las, ou conjunto de oficiais para supervisionar o processo ou cuidar da aplicação da lei, visto não haver delitos ou delinquentes. (*ST*, §107)

No entanto, a introdução do dinheiro aumenta muito as formas de propriedade que existirão, bem como as formas pelas quais o uso do que é (ou parece ser) propriedade de alguém podem ser consideradas uma violação dos direitos de propriedade (ou o que parecem ser os direitos de propriedade) dos outros. Após a introdução do dinheiro, Maria estende seu cultivo de terra que exige irrigação e começa a drenar muito mais água próximo ao moinho de João, até que ele para de funcionar. O impacto de Maria sobre o empreendimento de João constitui uma violação do direito de João de dispor de suas posses como quiser? João tem o direito à água que passa por seu moinho? Ou Mário constrói uma estrada, cujo barulho perturba as vacas de Luís e reduz sua produção de leite. Surgem mais controvérsias, incluindo disputas mais *honestas* sobre quem prejudicou quem, e sobre qual seria a compensação adequada. Além disso, o aumento geral de riqueza aumenta os incentivos para alguns indivíduos se engajarem em formas mais sofisticadas de roubo e fraude. Então, mesmo que todo mundo se beneficie com a vida econômica se tornando mais abrangente, complexa e dinâmica, na medida em que os direitos à vida, liberdade e propriedade sejam devidamente reconhecidos e impostos, esses avanços aumentam o perigo de que, no estado de natureza, esses direitos não sejam devidamente reconhecidos e respeitados.

Esse perigo faz com que cada homem:

> (...) deseje renunciar a essa condição, que, embora livre, está repleta de medos e perigos constantes: e não é sem razão que ele busca e deseja se unir em sociedade com os outros (...) para a *preservação* mútua de suas vidas, liberdades e propriedades, a que chamo pelo nome geral de propriedade. (*ST*, §123)
>
> (...)
>
> Para evitar esses inconvenientes que perturbam suas propriedades no estado de natureza, os homens formam sociedades, fundindo forças para proteger e defender suas propriedades, e podem ter *regras permanentes* que delimitam o que pertence a cada um (...). (*ST*, §136)

Observe que esses inconvenientes não surgem de indivíduos exercendo seus direitos à liberdade, isto é, o direito de usufruírem suas próprias pessoas e posses. Em vez disso, originam-se da falta de clareza sobre onde precisamente os direitos de uma pessoa terminam e os de outras começam; e do exercício individual, idiossincrático, incerto ou ineficiente das pessoas de seus direitos à defesa, reparação e punição. Assim, a solução natural para esses inconvenientes está no estabelecimento de um conjunto conhecido de leis, que será aplicado por juízes imparciais e efetivamente respeitado pelo poder unido daqueles sujeitos a ele (*ST*, §124–§126).

O primeiro passo para estabelecer essas instituições legais é as pessoas transferirem seus direitos individuais à defesa, reparação e punição a uma única autoridade comum, a que Locke chama de "sociedade política". Todo indivíduo racional "busca e deseja se unir em sociedade com outros que pensam da mesma forma para a *preservação* mútua de suas vidas, liberdades e propriedades, a que chamo pelo nome geral de *propriedade*" (*ST*, §123 e veja *ST* §134). Para cumprir esse propósito, a sociedade política – que, uma vez formada, opera por poder da sociedade civil (*ST*, §95) – cria uma estrutura de instituições legais que especificarão com mais clareza e garantirão, de forma mais imparcial e efetiva, os direitos *acumulados* à vida, liberdade e posses dos indivíduos contratantes. Este é o segundo passo para superar os inconvenientes do estado de natureza.

Uma sociedade política sensata criará uma ordem constitucional mista com uma divisão interna de poderes. Esperaríamos que essa mistura incluísse três ramos distintos, ou seja, legislativo, executivo e judiciário. Contudo, quando Locke distribui os poderes distintos da sociedade civil (em *ST*, cap. 12), descreve um poder legislativo e um poder executivo, mas não menciona um poder judiciário. O que explica essa omissão?

Ao contrário de muitos teóricos antiautoritários do século XVII, Locke nunca recorre ao direito consuetudinário ou positivo como base para avaliar os exercícios de poder político. Por exemplo, Locke nunca invoca a ideia de uma "lei da terra" evoluída para criticar as tentativas de um monarca de impor tributos sem a aprovação do parlamento. Em vez disso, aceita toda lei humana (em oposição à lei natural ou divina) como *legislação*, ou seja, como decretos de algum indivíduo ou assembleia legislativa. Decisões baseadas no costume ou feitas por juízes não podem ser fontes das leis. Segue que o único papel dos juízes é a aplicação imparcial da lei que foi previamente criada pelo poder legislativo do governo e deve ser aplicada pelo poder executivo. Por isso, os juízes só podem ser agentes desses outros ramos da ordem legal. De fato, Locke considera os juízes (assim como Hobbes!) como simples subordinados do chefe do ramo executivo.

O ramo legislativo é responsável por fazer leis que articulam da melhor forma os direitos das pessoas à vida, liberdade e propriedade, torná-las amplamente conhecidas e estabelecer os mecanismos públicos para sua aplicação e cumprimento. Locke receia que os membros da legislatura se preocupem mais em "ficar agarrados ao poder" do que legislar para garantir a segurança dos direitos de cada indivíduo. No entanto, Locke acredita que uma característica estrutural do ramo legislativo evitará tal problema. Ele pensa que se os membros da assembleia legislativa têm a função de decretar leis cuja aplicação é igual para todos, e se o cumprimento dessa legislação ficar nas mãos do poder executivo em vez da própria legislatura, seus legisladores estarão "sujeitos às leis que aprovaram". Assim, eles "cuidarão para fazer leis para o bem público" (*ST*, §143, veja também *ST*, §94). Infelizmente, Locke subestima imensamente a capacidade dos legisladores de formular leis que, embora talvez tenham uma forma de regras gerais, beneficiarão a eles mesmos, a seus amigos ou patrocinadores à custa dos outros, e a capacidade dos legisladores e do executivo de fazerem conluio para formular e implementar esses decretos.

A ausência de um ramo judiciário em pé de igualdade com o legislativo e o executivo parece nos deixar com dois ramos básicos *distintos* dentro de uma sociedade civil. Contudo, a posição de Locke difere disso de duas formas importantes. Primeiro, os ramos legislativo e executivo não serão totalmente separados. O monarca, que será o chefe do executivo, terá participação no poder legislativo. Em uma sociedade civil, nenhuma legislação é válida sem o aval do chefe do executivo.

Segundo, dentro de uma sociedade civil, Locke identifica um *terceiro* poder, o qual também se encontra no chefe do executivo: é o poder "federativo" (*ST*, §145–§148), o poder de conduzir a política externa, declarar guerras ou selar a paz. Locke defende que esse poder não está sujeito ao controle legislativo, pois as funções que implica não dizem respeito a seguir ou fazer cumprir regras aprovadas para regular a interação dos membros da sociedade em questão. A política externa, a guerra e a paz não podem ser "dirigidas por leis antecedentes, presentes e positivas". Em vez disso, devem "ser *deixadas* em grande parte à *prudência* daqueles a quem foi confiado este poder, a fim de que eles o exerçam com o melhor de sua habilidade para o benefício da sociedade civil" (*ST*, §147).

Aqui, a posição de Locke parece contrária à exigência liberal clássica de restrições fortes ao exercício do poder coercitivo, especialmente por ele estar concentrado no chefe do ramo executivo.

Locke provavelmente responderia que, embora o poder federativo não possa ser restringido por "legislação positiva antecedente", está sujeito à restrição da sociedade política, que pode apelar à lei da natureza quando o poder federativo não está sendo empregado "para o benefício da sociedade civil" (*ST*, §147).

Apesar da prerrogativa do chefe do executivo de conduzir a política externa, a guerra e a paz como julgar melhor sem a supervisão legislativa, Locke mantém que o ramo legislativo tem "autoridade suprema" dentro de uma sociedade civil. Não obstante, essa autoridade suprema não significa que a legislatura possa comandar através de "instâncias extemporâneas e arbitrárias" (*ST*, §136). Pois a legislatura é *"limitada a dispensar justiça* e decidir os direitos do súdito *pelas leis promulgadas vigentes, e juízes conhecidos e autorizados (...)"* (*ST*, §136). A legislatura nunca "pode ter o direito de destruir, escravizar, ou efetivamente empobrecer os súditos" (*ST*, §135).

Para cumprir o papel que lhe é conferido, não basta que a legislatura proteja a propriedade de cada indivíduo de privações por outros súditos. Também é essencial que os legisladores (e o chefe do executivo) "nunca tenham o poder de tomar para si o todo, ou qualquer parte, da *propriedade* dos súditos sem seu consentimento" (*ST*, §139). "E, portanto, a *comunidade* [ou seja, a sociedade civil] *mantém perpetuamente o poder supremo* de se proteger de tentativas e planos de qualquer corpo, mesmo de seus legisladores, sempre que forem estúpidos ou maldosos o suficiente para atentar contra as liberdades e propriedades do súdito" (*ST*, §149). Não apenas os legisladores mas também o chefe do executivo devem estar sujeitos à lei aprovada que serve para garantir os direitos de todos à vida, liberdade e propriedade. "*Nenhum homem na sociedade civil pode ser imune a suas leis.*" (*ST*, §94)

Nem indivíduos no estado de natureza, nem indivíduos como membros da sociedade política aceitariam um soberano que estava acima da lei vigente. Pois

> (...) *monarcas absolutos* são apenas homens; e se o governo é a única solução para esses males que necessariamente seguem quando os homens julgam sua própria causa, e por isso o estado de natureza não deve ser tolerado, eu gostaria de saber que tipo de governo é esse, e quão melhor ele é do que o estado de natureza, em que um homem que comanda uma multidão tem a liberdade de julgar em causa própria e pode fazer com todos os súditos o que lhe aprouver, sem a menor contestação ou controle daqueles que executam sua vontade. (*ST*, §13)

Pensar, como Hobbes pensou, que os indivíduos buscariam fugir dos problemas do estado de natureza ao concordar em se submeter a uma soberania da autoridade ilimitada "é pensar que os homens são tão ingênuos a ponto de tentar evitar as diabruras cometidas por *gatos ou raposas*, mas estarem não só contentes como preferirem ser devorados por *leões*" (*ST*, §93).

Capítulo 6

A obrigação de obedecer à legislação e seus limites radicais

Os homens sendo, (...) por natureza, todos livres, iguais e independentes, não podem ser tirados de sua propriedade, ficando sujeitos ao poder político de outros, sem seu consentimento.

(...)

(...) as *leis municipais* [ou seja, legislativamente aprovadas] dos países (...) só têm validade na medida em que se baseiam na lei da natureza, pela qual devem ser reguladas e interpretadas.

(...)

(...) uma vez que a força de comando da lei civil depende da lei natural, não somos tão coagidos a prestar obediência ao magistrado pelo poder da lei civil como somos obrigados pelo direito natural.

JOHN LOCKE, Segundo tratado sobre o governo civil: §95, §12, §135.

NESTE CAPÍTULO, ABORDO A VISÃO DE LOCKE SOBRE POR que os indivíduos são obrigados a cumprir a legislação promulgada pelo governo na medida em que seus decretos estejam de acordo com o propósito que Locke estabelece para os governos – em outras palavras, para melhor assegurar os direitos à vida, liberdade e propriedade.

Um dos quatro ou cinco temas principais mais comumente associados à doutrina política de Locke é a alegação de que a obrigação de cada indivíduo de obedecer à legislação do governo sob o qual vive depende do consentimento desse indivíduo. A autoridade de um governo para impor seus estatutos sobre seus súditos deve derivar do consentimento dos governados. Locke nos diz: "Os homens sendo, (...) por natureza, todos livres, iguais e independentes, não podem ser tirados de sua propriedade, ficando sujeitos ao poder político de outros, sem seu consentimento" (*ST*, §95). De forma similar, como toda pessoa é naturalmente livre, nada pode "sujeitá-la a nenhum poder terreno a não ser seu próprio consentimento" (*ST*, § 119). Locke defende com particular afinco que os filhos não podem estar sujeitos ao consentimento de seus pais: "(...) nenhuma criança nasce submetida a um país ou governo (...) não há vínculo dela por seu pai ser um súdito desse reino; tampouco ela é vinculada a qualquer pacto de seus ancestrais" (*ST*, §118).

Nesta seção do capítulo que aborda o *argumento do consentimento*, afirmo que há um grande problema na explicação de Locke sobre como todas as pessoas que vivem em um determinado território governamental consentem voluntariamente em obedecer a legislação daquele governo. Contudo, na seção que aborda *o argumento da obrigação natural*, mostro que Locke não precisa apelar para o consentimento (ou a territorialidade) para explicar a obrigação dos súditos de obedecer à legislação aprovada que serve ao propósito adequado do governo. Se a legislação promulgada garante os direitos naturais das pessoas à vida, liberdade e propriedade, delineando e protegendo claramente esses direitos, a obrigação natural de cada indivíduo de respeitar os direitos dos outros explica a obrigação de cada indivíduo de respeitar essa legislação. Nos parágrafos de conclusão deste capítulo, pondero se Locke pode confiar no *argumento da obrigação natural* para justificar a obrigação de respeitar a legislação tributária. Esse é o *problema da tributação*.

O ARGUMENTO DO CONSENTIMENTO

Obviamente, Locke não acha que todo governo surge através do consentimento de todos os seus súditos. Afinal, ele está ansioso por apontar que muitos regimes surgem através de usurpação violenta ou conquista, e defende que, por isso, esses regimes não têm autoridade válida para governar. Contudo, Locke afirma que, se um governo tem autoridade genuína, ele a adquire pelo consentimento real e voluntário de todos os seus súditos. Além disso, defende que essa autoridade governamental não pode violar seus direitos, porque nenhum indivíduo pode, por meio de seu consentimento, ceder à sociedade civil o direito de violar os direitos dos outros (*ST*, §23).

Ainda assim, devemos perguntar: algum governo já teve o consentimento real e voluntário de todos os seus súditos? Locke defendeu e serviu ao governo instituído na Grã-Bretanha após a Revolução Gloriosa de 1688. No entanto, esse governo tinha de fato o consentimento real e voluntário de todos aqueles que governava? Afinal, o súdito típico do regime de Guilherme e Maria nunca recebeu, nem assinou voluntariamente, um contrato claramente redigido a fim de se juntar à sociedade política ou respeitar os estatutos aprovados por sua legislatura. Deveríamos esperar um grande esforço de Locke para tentar mostrar que todos os regimes que ele acredita terem uma autoridade genuína derivam-na do consentimento de seus súditos.

Primeiro, Locke tenta mostrar que, por meio do consentimento individual, todos os súditos de uma sociedade civil são obrigados a seguir sua legislação, distinguindo entre consentimento "expresso" e "tácito" (*ST*, §119). O consentimento expresso envolve concordância observável, explícita e consciente, por exemplo, com contratos escritos, testemunhas e assinaturas, enquanto o tácito recorre a entendimentos, expectativas e sinais informais comuns menos identificáveis. Quando os teóricos do consentimento apelam para o consentimento tácito, há sempre o perigo de que o simples fato de que alguém não tenha consentido expressamente seja tomado como evidência de que ele consentiu tacitamente.

Locke reconhece que relativamente poucos súditos deram seu consentimento expresso para se tornar parte da sociedade política ou obedecer aos decretos do governo aos quais estão sujeitos. Se for para todos os indivíduos dentro de uma determinada nação contarem como consentidores, a maioria terá que consentir tacitamente. A maioria deles terá que fazer alguma coisa que conte como consentimento, mesmo que não pareça consentimento.

De fato, Locke afirma que apenas estar no território de um determinado governo configura consentimento tácito a obedecer à legislação daquele governo:

> Qualquer homem que tiver qualquer posse, ou desfrute de qualquer parte dos domínios de qualquer governo, manifesta, portanto, seu *consentimento tácito*, (...) sejam terras de sua propriedade, que podem ser transmitidas a seus herdeiros, sejam terras em que se hospeda por uma semana, seja apenas viajar pelas estradas; de fato, isso atinge quem apenas estiver dentro dos territórios desse governo. (*ST*, §119)

Como isso é possível? Como o fato de uma pessoa simplesmente estar "dentro dos territórios desse governo" pode obrigá-la a obedecer a suas leis? E por que dizer que essa obrigação surge do consentimento tácito dela? Observe que, se aceitarmos a afirmação de Locke de que simplesmente estar dentro do território de um governo constitui um consentimento tácito, parece que todo governo que já existiu teve o consentimento de todos dentro de seu território. Porém, isso contradiz a própria visão de Locke de que muitos governos não têm o consentimento da maioria de seus súditos e, por essa razão, não têm a autoridade que alegam ter.

Locke entende que precisa justificar sua afirmação de que simplesmente estar dentro do território de um governo constitui consentimento tácito para obedecer a sua legislação. Segue a justificativa de Locke:

> Todo homem que se une a uma sociedade civil submete a ela, pelo simples fato de se associar, as posses que tem ou virá a adquirir, que ainda não pertencem ao governo civil. (...) [Suas posses se tornam] sujeitas ao governo e ao domínio daquela sociedade civil, enquanto ela durar. Quem, por herança, aquisição, autorização ou qualquer outra maneira, *desfrutar qualquer parte da terra* anexada

> e sob a jurisdição do governo *daquela sociedade deve assumi-la nas condições em que ela está apoiada*, ou seja, deve submeter-se ao governo da sociedade civil sob cuja jurisdição ela se encontra, como qualquer outro súdito (...) (*ST*, §120)

Segundo Locke, em algum ponto no passado distante, todo proprietário dentro da área controlada por uma determinada sociedade civil se incorporou a ela e, ao fazê-lo, submeteu toda a sua terra "ao governo e ao domínio" dessa sociedade. A totalidade dessa terra é, hoje, o território desse governo, sobre a qual ele tem jurisdição. Como toda terra é, hoje, o território da sociedade civil, hoje ela tem o direito de estabelecer condições para a presença de qualquer pessoa dentro de seu território. E a condição básica que ela estabelece é que seus decretos sejam obedecidos.

Segundo Locke, esse cenário apresenta diversos problemas. Os habitantes lockeanos do estado de natureza, profundamente preocupados em preservar sua propriedade, realmente anexariam e submeteriam sua propriedade à sociedade civil? Os proprietários individuais são capazes de criar tal jurisdição governamental sobre suas terras sem enfraquecer radicalmente seus direitos de propriedade? Dentro dessa descrição de consentimento, Locke supõe que a ação governamental para garantir os direitos de propriedade de todos requer que toda a terra esteja sob a jurisdição da sociedade civil. Esta é a única razão que ele dá para pensarmos que os proprietários da terra anexariam e submeteriam sua propriedade à sociedade civil (*ST*, §120). Todavia, todos os proprietários de terras têm de fazer mais para proteger seus direitos de propriedade, instituindo um agente comum que será responsável por efetivamente exercer seus direitos de proteger sua propriedade e impor reparação e punição sobre seus violadores. Não é preciso que os proprietários de terras anexem ou submetam suas terras para estabelecer uma sociedade civil que funcione como tal agente. Não é preciso que o agente comum que protege seus direitos tenha jurisdição territorial sobre suas propriedades.

Não obstante, suponhamos que uma sociedade civil estabelecida por indivíduos que renunciaram ao estado de natureza adquira direitos jurisdicionais sobre a totalidade de suas terras. Seria essa a base ideal para defender que qualquer pessoa que hoje vive dentro desse território será obrigada a obedecer à legislação da sociedade civil *devido a seu consentimento tácito*? Penso que a resposta seja "não". Se supusermos que a sociedade civil tem jurisdição sobre o território que controla, o fato de Maria viver dentro desse território pode obrigá-la a obedecer seu governo. No entanto, seu consentimento tácito não seria útil para explicar tal obrigação. Permita-me explicar por quê.

Primeiro, considere um caso que envolve a jurisdição de João sobre sua própria casa. Ele convida Maria para pernoitar em sua residência. Ela chega e, para a surpresa de João, tira toda a roupa. Ele fica desconfortável, talvez por esperar ser nomeado em breve para a Suprema Corte dos Estados Unidos. João diz a Maria que, como a casa é dele, ele tem o direito de estabelecer as condições sob as quais ela pode continuar sua visita, e a condição é a de que Maria vista sua roupa. Sendo João o proprietário da casa, está justificado impor essa condição a Maria. O fato de João estabelecer essa condição é o que obriga Maria a se vestir se quiser permanecer. A permanência dela envolve *aceitar* a condição de João. Mas a imposição de João não depende em nada de Maria consentir com essa condição ou com a autoridade de

João para estabelecer condições sob as quais as pessoas podem permanecer em sua casa. O consentimento de Maria não tem nada a ver com isso.

Da mesma forma, se uma sociedade civil estabelece uma condição, em virtude desses (supostos) direitos territoriais, sobre qualquer pessoa dentro de seu território (por exemplo, a condição de obedecer a seus estatutos), o estabelecimento de tal condição se justifica pelos direitos territoriais. Não se justifica pelo consentimento das pessoas. A (suposta) jurisdição do governo sobre aquele território é suficiente. Já que o consentimento nada tem a ver com a criação da obrigação das pessoas que permanecem no território de obedecer à legislação do governo, a posição de Locke aqui é *abandonar* sua tese de que a obrigação de obedecer à legislação da sociedade civil deriva do consentimento de seus súditos!

Aqui temos outra indicação de que Locke abandona a visão de que a obrigação de cada pessoa de obedecer à legislação deriva de seu próprio consentimento. Suponha que aceitássemos a alegação de Locke de que nossos ancestrais criaram uma jurisdição para o governo, justificando o fato de o governo estabelecer condições para viver nesse território. Então, estaríamos aceitando – contrariando a própria convicção de Locke – que somos "vinculados" por um pacto feito por nossos ancestrais (*ST*, § 118). Estaríamos aceitando que nossa vinculação não depende de nosso consentimento.

O ARGUMENTO DA OBRIGAÇÃO NATURAL

Para Locke, o "objetivo" que justifica a criação de sociedades políticas e suas instituições político-legais é o "usufruto das propriedades dos [homens] em paz e segurança" (*ST*, §134). A propriedade dos indivíduos – isto é, seus direitos à vida, liberdade e propriedade – não é em si o produto da sociedade política ou das ações de sua legislatura. O propósito que governa a sociedade política e suas instituições (político-legais) é melhorar o usufruto pacífico dos direitos das pessoas que não devem sua força moral básica à vontade da sociedade política, da legislatura ou do monarca.

No início do *Segundo tratado*, Locke declara que "... as leis municipais [ou seja, legislativamente aprovadas] dos países (...) só têm validade na medida em que se baseiam na lei da natureza, pela qual devem ser reguladas e interpretadas" (*ST*, §12). A legislação promulgada é necessária porque os direitos naturais das pessoas têm de ser mais claramente especificados, de modo que cada um possa confiar que exista um entendimento recíproco sobre onde seus direitos terminam e os direitos dos outros começam. (Também são necessários a aplicação e o cumprimento mais confiáveis dessas especificações afinadas e reciprocamente entendidas.)

> Para evitar [os] inconvenientes que perturbam a propriedade dos homens no estado de natureza, eles se unem em sociedades, para unir suas forças e para garantir e defender suas propriedades, podendo ter *regras permanentes*, pelas quais todo o mundo sabe o que é seu. (*ST*, §136)
>
> (...)

> Os homens não renunciariam à liberdade do estado de natureza, submetendo-se a um governo, senão para preservar suas vidas, liberdades e bens, e com *regras de conduta* que definissem expressamente o direito e a propriedade para garantir sua paz e tranquilidade. (*ST*, §137)

"*Regras permanentes*" são necessárias para vincular – e não criar – a propriedade das pessoas, permitindo que "todo mundo saiba o que é seu"; "*regras de conduta*" preservam – mas não criam – as vidas, liberdades e fortunas das pessoas.

A sociedade civil pode regular a propriedade no sentido de *regularizá-la*, ou seja, esclarecer onde terminam os limites entre os direitos de uma pessoa e outra, como eles devem ser detectados e como invasões devem ser tratadas. Não obstante, o poder para regularizar, nesse sentido, não é o poder de se apropriar de toda ou qualquer propriedade (vida, liberdade ou propriedades) de qualquer súdito. A regularização através de legislação promulgada deve ser baseada na lei da natureza e por ela regulada (*ST*, §12).

Segundo o *argumento da obrigação natural*, o processo pelo qual a legislação surge – especificamente, se surge ou não através do consentimento – não é crucial para a autoridade do governo de comandar. Em vez disso, o que é crucial é a substância da legislação, ou seja, se protege ou não os direitos naturais daqueles sujeitos a ela enquanto esses direitos são refinados pela legislação e implementados através da lei judicial e executiva. O que explica a obrigação do súdito de seguir a legislação promulgada é sua conformidade com a lei da natureza, que impõe sua força moral sobre todos, incluindo os legisladores: "Uma vez que a força de comando da lei civil depende da lei natural, não somos tão coagidos a prestar obediência ao magistrado pelo poder da lei civil como somos obrigados pelo direito natural" (*ST*, §135).

No estado de natureza, cada indivíduo é obrigado a respeitar as demandas dos outros de que ele respeite seus direitos e se submeta a sua aplicação. Nenhum indivíduo precisa consentir para se sujeitar a essa obrigação. O *argumento da obrigação natural* de cada indivíduo respeitar a legislação promulgada dentro de uma sociedade civil é que ela é simplesmente uma forma mais precisa e efetiva da obrigação individual do estado de natureza. É por isso que os indivíduos não precisam consentir em ser sujeitados a essa legislação. É claro, segundo essa linha de pensamento, os súditos são obrigados apenas a respeitar a legislação que está de acordo e se aproxima da lei da natureza (*ST*, §135). Se esse é um argumento plausível para a obrigação de cada indivíduo de obedecer a legislação que melhor articula e garante os direitos das pessoas, então Locke acaba não precisando do consentimento para garantir que seja cumprida. Mas Locke ainda precisa do consentimento para subscrever uma obrigação de respeitar a legislação que impõe tributos?

O PROBLEMA DA TRIBUTAÇÃO

Locke acredita que um governo que proteja os direitos das pessoas à vida, liberdade e propriedade tem o direito de tributar seus súditos para cobrir os custos dessa proteção (*ST*, §140). O *argumento da obrigação natural* pode justificar uma obrigação de obedecer a legislação que obriga os súditos a pagarem pela proteção que uma sociedade civil lhes oferece? Dentro da estrutura lockeana, a resposta deve ser "não", pois não há obrigação natural de pagar por um benefício que lhe foi fornecido se você não o contratou. Se, no estado de natureza, Mário intervém de boa vontade para impedir a tentativa de Luís de roubar Maria e, depois, apresenta-lhe uma conta por seus serviços, Maria não terá uma obrigação legalmente válida de pagá-la. De fato, os direitos de Maria são violados quando Mário lhe extrai um pagamento forçado.

Da mesma forma, para que qualquer súdito seja obrigado a obedecer a uma exigência governamental de pagar pela proteção fornecida, é necessário que ele tenha consentido naquela tributação (pelo menos, autorizando seus representantes a estabelecer tal tributação). O ato de o governo extrair pagamento daquele súdito violará seus direitos, a menos que ele tenha consentido em pagar ao governo em troca dessa proteção. Contudo, se rejeitarmos apelos ao consentimento tácito do tipo que Locke propõe, teremos que concluir que cada indivíduo deve consentir expressamente à tributação imposta para que possa obedecê-la. Além disso, tal consentimento não deve ser dado sob pressão (*ST*, §186). Parece que, para que um súdito seja obrigado a obedecer a legislação tributária, deve concordar expressa e voluntariamente com sua promulgação.

Ainda assim, algum governo já teve o consentimento expresso e voluntário de todos os seus súditos para a tributação imposta sobre eles? É possível que um governo consiga tal consentimento voluntário aos encargos que impõem a eles?

Capítulo 7

Tolerância

Quem se desvia do caminho reto causa sua própria infelicidade, e não causa a outrem nenhum dano; nem deve alguém puni-lo nas coisas desta vida porque supõe que ele vai passar por infortúnios na vida por vir.

(...)

As leis asseguram, tanto quanto possível, a proteção dos bens e da saúde dos súditos contra danos advindos da fraude e violência dos outros, mas não os protege da negligência ou prodigalidade dos próprios detentores desses bens. Nenhum homem pode ser forçado a ser sadio ou rico. Mais do que isso, o próprio Deus não salva os homens contra a vontade deles.

(...)

Pois não é da competência do magistrado usar sua espada para punir, indiferentemente, tudo o que acredita ser um pecado contra Deus. É consenso entre os homens que a avareza, a indiferença ao sofrimento alheio, o ócio e muitas outras faltas semelhantes são pecados, mas ninguém algum dia afirmou que devam ser punidas pelo magistrado. A razão disso é que elas não prejudicam os direitos de outros homens nem perturbam a paz pública.

JOHN LOCKE, Carta sobre a tolerância: §31, 35, 43-44.

***CARTA SOBRE A TOLERÂNCIA* (1689) É A SEGUNDA OBRA** mais conhecida de Locke em filosofia política e um dos grandes ensaios em defesa da tolerância religiosa. Locke defende a tolerância com todos os protestantes e, muito mais radicalmente, com judeus e muçulmanos. No entanto, ele não defendeu tolerância total com católicos e ateus. Isso não se deveu à doutrina católica ou ateia em si, mas ao fato de ateus e católicos serem politicamente suspeitos. Segundo ele, os católicos eram suspeitos por causa de sua lealdade política ao papa e, com frequência, às monarquias tirânicas da Espanha ou da França. Os ateus, por seu lado, por não se considerarem vinculados por juramentos a Deus.

Locke escreveu sobre tolerância religiosa ao longo de mais de quarenta anos. Seus primeiros ensaios não publicados, "Two Tracts on Government" (1660/61), defendiam o direito de um monarca instituir e impor a doutrina e a prática religiosas em seu domínio. A conclusão de que é tarefa do governante instituir essa uniformidade se baseava na premissa de que a uniformidade de crença e prática religiosas é essencial para a ordem social, devendo ser garantida pelo poder coercitivo do governante. A primeira dessas premissas foi abalada quando, como parte de uma missão diplomática a Cleves, na Alemanha, em

1665, Locke descobriu calvinistas, luteranos e católicos vivendo em harmonia entre si. A segunda dessas premissas foi sendo rejeitada na medida em que Locke passou a acreditar que governantes e cidadãos tinham que aprender a conviver com pessoas cujas visões religiosas as ofendiam, pois não havia forma efetiva ou moralmente aceitável de reprimir a dissidência religiosa.

De forma explícita, Locke aprovou a tolerância religiosa em 1667 quando escreveu (mas não publicou) seu "Ensaio sobre a tolerância", que antecipou as doutrinas liberais clássicas de *Dois tratados* e *Carta sobre a tolerância*. Além disso, Locke deu seguimento a *Carta sobre a tolerância* com a *Segunda carta sobre a tolerância* (1690) e a *Terceira carta sobre a tolerância* (1692) (esta obra, com mais de trezentas páginas), em que desenvolveu e defendeu as visões apresentadas em *Carta sobre a tolerância*. Ele trabalhava em uma *Quarta carta* quando faleceu, em 1704.

Embora *Carta sobre a tolerância* se dedique ao tópico da liberdade *religiosa*, Locke emprega todo seu liberalismo neste ensaio:

> Contudo, é tamanha a corrupção da humanidade que a maioria prefere apropriar-se abusivamente dos frutos do trabalho de outros homens a se esforçar para se prover do necessário; a necessidade de manter os homens de posse daquilo que a labuta honesta lhes propiciou, bem como de preservar sua liberdade e força, que são seus recursos para atender ao que mais aspirem a ter, obriga os homens a entrar em sociedade uns com os outros, de modo que, mediante a assistência mútua e a conjugação de forças, possam garantir uns aos outros suas propriedades, na forma de coisas que contribuem para o bem-estar e a felicidade nesta vida. (*LCT*, p. 47)

A autoridade genuína dos "magistrados" (ou seja, dos governantes) se aplica apenas à proteção "da justa posse dessas coisas que pertencem a esta vida de cada súdito" (*LCT*, p. 26). Como veremos, Locke rejeita explicitamente a visão paternalista de que podem reprimir ou punir a conduta nociva de um indivíduo, bem como a visão moralista de que podem reprimir ou punir a conduta imoral (mas que não viola direitos) do indivíduo. Deixo para o leitor imaginar as implicações totais dessas posições amplamente libertárias.

A razão básica que justifica o fato de a crença ou culto religioso não ser reprimido ou punido pelo magistrado é que, mesmo que uma crença religiosa seja errônea, ou uma forma de culto seja imprópria, nem a fé nessa crença, nem a prática desse culto violam os direitos dos outros:

> (...) uma vez que um homem não viole os direitos de outrem devido a opiniões errôneas suas ou improperiedades no culto, e considerando que sua perdição não prejudica outrem; (...) quanto a isso, todo homem tem autoridade suprema e absoluta para julgar por si mesmo, decorrência do fato de que ninguém mais está preocupado com isso nem pode ser prejudicado devido a sua conduta quanto ao assunto. (*LCT*, p. 47)

Mesmo os erros mais graves que as pessoas possam cometer em suas convicções ou práticas religiosas não justificam sua repressão forçada ou punição. Afinal, "quem se desvia do caminho reto causa sua própria infelicidade, e não causa a outrem nenhum dano; nem deve alguém puni-lo nas coisas desta vida porque supõe que ele vai passar por infortúnios na vida por vir" (*LCT*, p. 31). A busca individual pela salvação eterna deve ser seu propósito mais elevado. Não obstante, é o propósito *desse* indivíduo. E ninguém deve ser reprimido ou punido por cuidar de sua própria vida, mesmo que esteja cuidando da forma errada.

Locke pensa ser óbvio para todos que,

> (...) nos assuntos domésticos, na administração das propriedades e na conservação da saúde física, todos podem discernir o que é mais conveniente a si mesmos e seguir o curso que se afigurar o melhor. (...) Nenhum homem se enfurece com outrem por este ter errado ao semear sua própria terra ou casar sua filha. Ninguém corrige um perdulário por ter despendido sua fortuna na taverna. Ninguém censura ou regula alguém por demolir, construir ou incorrer em quaisquer despesas; sua liberdade é garantida (*LCT*, p. 34).

E Locke pensa que deveria ser igualmente óbvio que cada indivíduo desfrutasse de uma liberdade igual para seguir o caminho que julga melhor em questões religiosas. Cada indivíduo deveria poder se comportar de formas que (os outros julgam) serem prejudiciais a sua saúde ou a suas propriedades; da mesma forma, deveria poder se comportar de formas que (os outros julgam) prejudiciais a sua alma.

> As leis asseguram, tanto quanto possível, a proteção dos bens e da saúde dos súditos contra danos advindos da fraude e violência de terceiros, mas não os protege da negligência ou prodigalidade dos próprios detentores desses bens. Nenhum homem pode ser forçado a ser sadio ou rico. Mais do que isso, o próprio Deus não salva os homens contra a vontade deles. (*LCT*, p. 35)

O próprio Deus é totalmente antipaternalista.

Locke observa que, quando as pessoas não aceitam a religião de seus vizinhos mais poderosos, afastam-se das cerimônias tradicionais ou deixam de introduzir seus filhos nessa religião, "isso provoca enorme furor (...) Todos se prontificam a vingar tão grave crime". As autoridades se levantam e condenam o dissidente religioso "à perda de sua liberdade, bens ou vida" (*LCT*, p. 34). Além disso, diz-se que tal punição é motivada por um desejo benevolente de proteger o dissidente da ira abrasadora de Deus. Mesmo assim, ele rejeita esse argumento do "zelo abrasador" daqueles que respondem à divergência religiosa "a ferro e fogo".

> Porque não será fácil persuadir homens sensatos de que quem pode, com impiedade e satisfação, enviar o irmão ao carrasco para ser queimado vivo esteja preocupado, sinceramente e de todo o coração, em salvar esse irmão das chamas do inferno no mundo por vir. (*LCT*, p. 35)

Em vez de um ato de amor fraternal, Locke conjectura que tal perseguição é parte do plano do perseguidor para sustentar ou reforçar seu "domínio temporal" (*LCT*, p. 35).

Além de rejeitar a justificativa paternalista para reprimir e punir, também rejeita a justificativa moralista de que, mesmo que a crença religiosa errônea e o culto indevido não violem os direitos dos outros, eles podem ser reprimidos e punidos por serem pecaminosos. A pecaminosidade de uma atividade não basta para autorizar o magistrado a reprimi-la ou puni-la:

> Mas o fato de ser um pecado não decorre que deva, portanto, ser punida pelo magistrado. (...)

> É consenso entre os homens que a avareza, a indiferença ao sofrimento alheio, o ócio e muitas outras faltas semelhantes são pecados, mas ninguém algum dia afirmou que devam ser punidas pelo magistrado. (*LCT*, pp. 43-44)

É totalmente permitido que qualquer pessoa incentive os outros a desistir de suas atividades pecaminosas ou que causam danos a si mesmas. No entanto, é fundamental para a perspectiva de Locke que, desde que os indivíduos não estejam envolvidos em violência ou fraude contra outros, eles devem ser deixados em liberdade.

Lembrem que liberdade não é fazer qualquer coisa que você quiser, mas fazer o que você julga adequado com o que é seu, ou seja, sua própria vida, liberdade e propriedades. Tolerância é permitir que os outros façam o que julgam adequado consigo e com suas posses. Assim, sua liberdade não é violada quando você é impedido de matar outro alguém por diversão. E a liberdade religiosa não é violada quando alguém é proibido de sacrificar uma criança em suas cerimônias religiosas. Pois matar uma criança viola os direitos dela, seja em observância de preceitos religiosos ou não.

Alguém que faça suas orações de cabeça para baixo ou sacrifique seu próprio bezerro está cuidando de sua própria vida tanto quanto alguém que se exercita de cabeça para baixo ou alimenta sua família sacrificando seu próprio bezerro. Em nenhum desses casos se justifica a interferência forçada de outros indivíduos ou do príncipe. Por outro lado, se tal pessoa realiza seu culto ou se exercita subindo na cabeça de outra pessoa ou sacrificando o bezerro alheio, ela não está cuidando da própria vida, e a interferência do governante é justificada. A liberdade religiosa é simplesmente o direito de fazer, para propósitos religiosos, qualquer coisa que todos têm o direito de fazer, ou seja, dispor de sua própria pessoa e posses como julgar adequado. (*LCT*, p. 42).

Não obstante, a importância suprema da salvação eterna não daria às pessoas razão suficiente para consentir com o magistrado que usa a lei (quando necessário) para incentivar seus súditos em direção à salvação? Essa importância suprema não daria às pessoas boa razão para aceitar uma *exceção especial* à regra de que a coerção deve evitar a violação dos direitos? Locke responde negativamente a essa pergunta. Nunca é racional consentir em ser coagido em prol de sua salvação. Afinal, "a religião verdadeira e salvadora consiste na persuasão interior do espírito" (*LCT*, p. 26). E a convicção religiosa interna nunca pode ser incutida em alguém através da coerção.

Locke acreditava que a salvação exige uma crença interna genuína no papel salvífico de Cristo. Mas, embora ameaças de tortura ou execução para que alguém adote essa crença possam muito bem fazer alguém dizer que crê, não podem gerar uma crença interna genuína. Portanto, "nenhum homem pode menosprezar o cuidado de sua própria salvação a ponto de deixar cegamente ao arbítrio de quem quer que seja, príncipe ou súdito, a prescrição da fé ou culto que vai abraçar" (*LCT*, p. 26). Nosso bem-estar neste mundo depende de não sermos coagidos pelos outros; nosso bem-estar no outro mundo depende de termos autonomia em nossas convicções religiosas.

Ademais, mesmo se você pudesse confiar o cuidado de sua salvação a outra pessoa, seria uma tolice confiá-la a quem exerce poder político sobre você. Afinal, é provável que seu governante esteja menos preocupado com sua salvação e o que irá promovê-la do que com a própria. Tampouco ajuda dizer que apenas os governantes que abraçam o "ortodoxo", ou seja, a religião verdadeira, têm a autoridade de estabelecer a crença e as práticas religiosas dentro de seus domínios "porque toda Igreja é ortodoxa para si mesma, enquanto errônea e herege para as outras. Qualquer que seja a crença de certa Igreja, esta acredita ser a verdadeira, e o que for contrário a isso ela considera um erro (*LCT*, p. 32). Dizer aos governantes que eles só podem impor suas crenças religiosas se forem as verdadeiras simplesmente encorajará todo ditador a impor as crenças que ele julga serem verdadeiras (ou as visões da Igreja à qual ele está alinhado).

Concluo este capítulo com um ponto fundamental que Locke levantou a respeito do suposto perigo representado por seitas dissidentes. Locke considera o argumento de que, como os dissidentes religiosos são normalmente tão prejudicados que se reúnem secretamente para conspirar contra o regime existente, as autoridades políticas devem reprimir a dissidência religiosa em nome da paz e ordem social. Paz e ordem social só podem ser sustentadas através do cumprimento governamental da uniformidade de crença e prática. Em resposta, Locke insiste que perguntemos por que os dissidentes costumam ser revoltados e dispostos a conspirar contra um determinado regime. Para ele, os dissidentes são descontentes e dispostos a conspirar precisamente porque são perseguidos:

> A opressão incita distúrbios e faz que os homens se empenhem em tirar dos ombros um jugo incômodo e tirânico. (...) Mas há somente uma coisa que reúne as pessoas em torno da sedição: a opressão. (*LCT*, p. 52)
>
> (...)
>
> Que mais se poderia esperar senão que esses homens, preocupados com os males de que são

> vítimas, acabem por se convencer de que é justo combater a força com força e defender com as armas de que disponham seus direitos naturais, que não lhes podem ser tirados por causa da religião? (...) E, com efeito, não poderá ser de outro modo se o princípio de perseguição religiosa prevalecer, como ocorreu até aqui. (*LTC*, p. 55)

Dentro do domínio da religião, como em todos os domínios dos comportamentos e aspirações humanas, a paz social deve ser alcançada não através da opressão, mas, em vez disso, através do respeito pela liberdade de cada pessoa.

Capítulo 8

Resistência contra a força injusta

A injúria e o crime são iguais, sejam eles cometidos por um soberano ou por um vilão qualquer. O título do ofensor e o número de seus seguidores não importam para a infração em si, só podem agravá-la.

(...)

Sempre que um poder, colocado nas mãos de alguém que governa o povo e protege suas propriedades, é aplicado para outros fins, empobrecendo, perseguindo ou subjugando o povo às ordens arbitrárias e irregulares daqueles que o detêm, transforma-se imediatamente em uma *tirania*.

(...)

Qualquer pessoa que *use a força sem direito*, como todos que vivem em uma sociedade sem leis, coloca-se em um *estado de guerra* com aqueles contra quem ele a emprega; nesse estado, todos os vínculos anteriores são cancelados, todos os outros direitos cessam, e todos têm o direito de se defender e *resistir ao agressor*.

> JOHN LOCKE, Segundo tratado sobre o governo civil: §176, §201, §232.

ESTE CAPÍTULO FINAL DESCREVERÁ A DOUTRINA ARROJADA

de Locke da resistência justificada contra agentes do Estado – monarcas, legisladores ou seus capangas – que usurpam os direitos dos indivíduos e da sociedade política. Lembre-se de que *Dois tratados* foi escrito no início dos anos 1680. Quando de sua publicação em 1689, ele foi visto – e serviu – como uma justificativa após o fato para a Revolução Gloriosa de 1688, que depôs Jaime II, o sucessor de Carlos II. No entanto, foi escrito inicialmente em apoio às tentativas de lorde Shaftesbury, mecenas de Locke, de manter o poder absolutista de Charles II sob controle.

Como mencionado na Introdução, uma premissa da doutrina lockeana da resistência justificada é que os agentes estatais, incluindo os chefes de Estado, estão sujeitos às mesmas restrições morais fundamentais que os cidadãos comuns. Se um indivíduo privado age de uma forma que viola os direitos de outro, uma ação do mesmo tipo realizada por um agente estatal também violará os direitos daquele indivíduo. Se é uma violação dos direitos de João que Maria o tranque no galpão do quintal por competir com ela ou os amigos dela na economia, também é uma violação dos direitos de João caso o monarca ou os legisladores o prendam na Torre de Londres por competir com eles ou os amigos deles na economia. Se é um crime Maria queimar João na fogueira no quintal de sua casa por rejeitar as doutrinas de sua igreja, é igualmente criminoso que o monarca queime João na fogueira em praça pública por rejeitar as doutrinas da igreja dele.

> A injúria e o crime são iguais, sejam eles cometidos por um soberano ou por um vilão qualquer. O título do ofensor e o número de seus seguidores não importam para a infração em si, só podem agravá-la. A única diferença é que grandes ladrões punem os pequenos para mantê-los obedientes, enquanto os grandes são recompensados (...). (ST, §176)

Os últimos dois capítulos do *Segundo tratado* expõem a doutrina lockeana do uso da força justificada contra a ação (ou inação) estatal injusta. O capítulo XVIII, "Da tirania", foca no direito de o indivíduo como tal resistir a violações sobre seus direitos por monarcas, legisladores ou seus capangas. Os direitos envolvidos aqui são os direitos originais e justos de todos os indivíduos à vida, liberdade e propriedade conforme eles são mais bem assegurados através de "leis e regulamentos estabelecidos, que sirvam para proteger as propriedades de todos os membros da sociedade" (*ST*, §222).

O capítulo XIX, "Da dissolução do governo", faz paralelo com "Da tirania" na medida em que trata dos direitos da sociedade política e dos indivíduos como membros da sociedade política de resistirem a violações sobre os mesmos direitos originais e adquiridos. Contudo, "Da dissolução do governo" também aborda e invoca os direitos que a sociedade política e seus membros adquiriram ao autorizarem e instituírem uma estrutura constitucional que busca garantir *"a propriedade das pessoas"* (ST, §222).

Já que a sociedade política instituiu os poderes legislativo e executivo e confiou aos legisladores e ao chefe do executivo, direta ou indiretamente, suas posses dentro da ordem constitucional, a sociedade política e seus membros adquiriram certos direitos perante aqueles que ocupam esses cargos de confiança. Esses são direitos de que os legisladores e o executivo cumprirão seu dever adquirido de proteger os direitos de todos à vida, liberdade e propriedade e defender o regime legal ao qual prometeram servir, um regime criado "para limitar o poder e moderar o domínio de cada membro da sociedade" (ST, §222).

De certa forma, "Da tirania" e "Da dissolução do governo" oferecem apenas um argumento simples. Certos atos de poder coercitivo do governo violam os direitos de quem está submetido a esse poder. Os indivíduos e a sociedade política como um todo não têm o dever de se submeter a essas violações, pois, no fim das contas, o único ou principal propósito que justifica o poder coercitivo do governo é proteger esses direitos. Logo, os indivíduos e a sociedade política como um todo são moralmente livres para resistir a essas violações pelo uso da força, e é racional que as pessoas exerçam essa liberdade quando o perigo de violações é severo e é razoavelmente provável que a resistência seja efetiva.

Mesmo assim, como todos os argumentos filosóficos em geral, a força desse argumento é maximizada pela análise de Locke das objeções a eles e a resposta dele a essas objeções. Para transmitir uma ideia mais ampla da posição de Locke, descreverei algumas dessas objeções e suas respostas. Também discutirei algumas razões pelas quais o foco de Locke migra dos direitos dos indivíduos para os direitos da sociedade política quando passa do capítulo XVIII para o capítulo XIX do *Segundo tratado* e o perigo que essa mudança de foco representa para o liberalismo clássico lockeano.

Locke sabe que será acusado de oferecer um cheque em branco para que os indivíduos peguem em armas sempre que forem lesados pelo comportamento do governo. Ele imagina um crítico perguntando: "As *ordens* de um *príncipe* podem ser *contestadas*? A resistência é legítima sempre que um indivíduo se sinta lesado ou pense que não foi tratado de forma justa?" (*ST*, §203). Locke observa que, se estivesse no lugar desse indivíduo, "isso perturbaria e derrubaria toda a política e, em vez de governo e ordem, sobraria apenas anarquia e confusão" (*ST*, §203).

No entanto, ele insiste que essa não é sua posição. "A isso respondo: que só devemos nos *opor* à *força* injusta e ilegal (...)" (*ST*, §204). A resistência se justifica apenas quando realmente está em oposição à força injusta e ilegal. Se você só "imagina" que as ações que o perturbam são injustas ou ilegais, sua resistência pela força será, por sua vez, injusta e ilegal. Indivíduos são capazes de silenciar e repensar seus julgamentos privados sobre temas políticos. Podemos começar acreditando que as ações do príncipe violam os direitos de alguém, mas depois reconhecer que estamos errados. Aqueles que usam ilegalmente a força contra o príncipe ou seus capangas estarão sujeitos a "uma condenação justa tanto de Deus, quanto dos homens" (*ST*, §204). Além disso, mesmo se a ação do príncipe ou seus capangas violar seus direitos, a resistência pela força se justificará apenas quando for o último recurso, ou seja, quando nenhuma solução confiável por seu prejuízo estiver disponível dentro do sistema legal existente (*ST*, §207).

Ademais, às vezes mesmo pessoas que têm direito a se defender da força ilegal constatarão que não é prudente exercer tal direito. Se os erros do príncipe "não atingem senão alguns particulares, mesmo que eles tenham o direito de se defender e de recuperar pela força o que lhes foi tomado ilegalmente pela força, o direito de agir assim não os fará entrar facilmente em um conflito em que certamente morrerão" (ST, §208). Se eles não conseguirem reunir aliados, não se precipitarão em batalha contra o governante ofensor mesmo que sua causa seja justa. O eufemismo de Locke para se envolver em resistência pela força contra o monarca ou legislatura que ocupa o poder é "apelar aos céus". Locke argumenta que "aquele que apela aos céus deve estar certo de que tem o direito a seu lado, e um direito que também vale o esforço e custo do apelo, pois ele responderá perante um tribunal que não pode ser enganado" (ST, §176).

Locke considera que mesmo os que resistem devem ser condenados pela desordem e pelo derramamento de sangue desencadeados pela resistência. A isso, Locke responde que os oponentes da resistência justa "do mesmo modo talvez defendam que os homens honestos não podem se opor aos ladrões ou aos piratas porque isso pode gerar desordem e derramamento de sangue" (ST, §228). Além do mais, "se ocorre qualquer *malfeito* nesses casos, não deve ser imputado àquele que defende seu próprio direito, mas àquele *que invade o de seu vizinho*" (ST, §228). E, acima de tudo, a submissão passiva à força injusta do governante simplesmente abre caminho para mais roubo e opressão: "Se o homem honesto e inocente renunciar silenciosamente a tudo que tem, em nome da paz, para aquele que porá suas mãos violentas sobre sua propriedade, peço que se considere que tipo de paz haverá no mundo, que consiste apenas na violência e na rapina, e que deve ser mantida para beneficiar ladrões e opressores" (ST, §228).

Locke frequentemente recorre a manobras semânticas para evitar expressões precisas, porém radicais, de sua doutrina de resistência justa. Por exemplo, como Locke não deseja expressar sua doutrina como uma defesa da *rebelião*, argumenta que é, na verdade, uma doutrina antirrebelião. Pois, diz ele, aqueles que resistem justamente não são os rebeldes; em vez disso, os rebeldes são aqueles a quem resistimos: "(...) quem quer que sejam, aqueles que pela força invadem ou pela força justificam sua violação [da constituição e das leis], são verdadeira e propriamente *rebeldes*". Em vez de instigar a rebelião, a doutrina de que as pessoas têm o direito de proteger sua segurança "*é a melhor defesa contra a rebelião*" (ST, §226) porque desencoraja os governantes de usar de força injusta.

Da mesma forma, Locke não deseja dizer que sua doutrina justifica o *regicídio*, ou seja, o assassinato do rei (príncipe ou magistrado). Então, ele argumenta, quando o rei (príncipe ou magistrado) se comporta de uma forma que justifica a resistência armada contra ele – quando o soberano "se coloca em um estado de guerra contra seu povo" –, ele "não é mais rei", por haver "destronado a si mesmo" (ST, §239). Portanto, justificar a morte de tal homem não é aprovar o *regicídio*. Na verdade, Locke justifica a rebelião e o regicídio com uma camuflagem linguística.

Em outro parágrafo, Locke parece oferecer um limite genuíno à resistência dos súditos a príncipes malignos. Ele nos diz que "em alguns países a pessoa do príncipe é sagrada por lei" (ST, §205). Nesses países, se um plano maligno do príncipe põe em risco apenas "alguns particulares", não podemos resistir ao príncipe pela força, mas a seus capangas, sim. O príncipe não deve ser atacado, pois fazê-lo poderia desequilibrar "a paz pública e a segurança do governo", e pode ser melhor que esses poucos homens sofram do que essa perturbação tome conta (*ST*, §205).

Esse parágrafo é enigmático por diversas razões. Primeiro, Locke nunca nos diz de quais países está falando. Segundo, qualquer lei que exima parcialmente o príncipe das leis contra assassinato, violência ou roubo viola o princípio lockeano fundamental: "Nenhum homem, na sociedade civil, pode ser imune a suas leis" (*ST*, §94). Terceiro, o argumento que ele oferece para o príncipe ser parcialmente imune às leis nada tem a ver com o príncipe ser sagrado. Em vez disso, é um cálculo utilitarista que exige a submissão dos indivíduos à violação de seus direitos se a resistência trouxer muito distúrbio à sociedade. Quarta, a imunidade especial do príncipe sugerida por Locke está em conflito direto com sua declaração fundamental:

> (...) *sempre que a violência for usada, e danos forem causados*, ainda que pelas mãos daqueles que devem administrar a justiça, *ainda é violência ou dano*, mesmo que disfarçado com nome, aparência ou forma de lei, pois a finalidade da lei é proteger e reparar os inocentes, *por uma aplicação justa a todos aqueles que estão sob sua tutela*. (*ST*, §20, ênfase minha; veja também §176, §201, §232 acima.)

Minha aposta é que o cuidadoso Locke incluiu esse parágrafo no *Segundo tratado* para que, se viesse a ser acusado de defender o regicídio, pudesse se defender dessa acusação apontando para a desaprovação ao regicídio.

Como mencionado no início deste capítulo, Locke argumenta que a sociedade política pode exigir mais dos legisladores e do chefe executivo que apenas não violarem os direitos de seus membros à vida, liberdade e propriedade. Também pode exigir que eles cumpram seus deveres adquiridos de proteger os direitos dos membros da sociedade política e de apoiar e manter a estrutura constitucional que a sociedade política criou para melhor proteger os direitos dos indivíduos. Quando, sem o consentimento das pessoas, a legislatura é proibida de agir, é alterada ou o executivo supremo "negligencia e abandona" seus deveres, o governo é *dissolvido* (*ST*, §216). Aqueles que pegam em armas contra tais violações dos direitos da sociedade política não o fazem contra o governo, mas contra aqueles que fingem deter a autoridade governamental.

Crucial para a doutrina de resistência de Locke é sua declaração de que, exceto quando a sociedade política é cortada pela espada do conquistador (*ST*, §211), ela sobrevive à dissolução do governo. É a sociedade política que vem em defesa dos direitos de seus membros e que restaura ou reconstrói as instituições governamentais que servem aos fins que justificam sua existência. Assim, a resistência armada justificada contra os resquícios de um governo dissolvido não implica uma reversão ao estado de natureza. Não restabelece o caos de um estado de natureza hobbesiano ou mesmo os inconvenientes de um estado de natureza lockeano. Além disso, a sociedade política só resistirá pelas armas se obtiver a aprovação da maioria de seus membros (*ST*, §96). Por isso, a resistência armada da sociedade política não será uma questão de alguns indivíduos decidindo apressadamente que suas queixas justificam um apelo aos céus.

Ademais, o apelo de Locke à sociedade política como último bastião da autoridade política lhe permite acessar outra esfera do pensamento antimonárquico. É a doutrina da soberania popular, segundo a qual a autoridade política reside no povo, e não no monarca. Como o povo, originalmente, possui toda a autoridade política, qualquer autoridade que o monarca detenha deve surgir da concessão voluntária do povo. E a maioria dos defensores dessa doutrina defendem que, como a concessão de autoridade ao monarca foi limitada, a extensão de sua autoridade também deve ser. Não obstante, quanto mais Locke lança mão da retórica da soberania popular, mais ele se aproxima da "vontade pública" (*ST*, §212) ou "vontade da sociedade" (*ST*, §214) como medida definitiva para avaliar a ação de um governo. Ainda assim, adotar a soberania popular seria filosoficamente incompatível com a doutrina central de Locke e contrária a seu programa liberal clássico.

Seria filosoficamente incompatível com sua visão de que a soberania original (e pré-política) é a soberania de cada indivíduo sobre si, e que todos os indivíduos detêm seus direitos originais à vida, liberdade e propriedade, que estão no centro de sua soberania. Seria contrário a seu programa clássico liberal porque apelos à "vontade pública" ou "à vontade da sociedade" sugerem que a coletividade tem autoridade ilimitada sobre os indivíduos, que estes não têm direitos à vida, liberdade e propriedade perante "o povo", mas, em vez disso, deve se submeter a qualquer coisa que "o povo" escolha fazer.

Minha visão é que, embora Locke pareça utilizar a retórica da soberania popular, ele não adota a doutrina real. A sociedade política (o povo) é a criação de indivíduos que podem apenas conferir a ela a autoridade que eles próprios têm, como indivíduos, para usar a força contra outros indivíduos. Essa autoridade é limitada ao direito de os indivíduos agirem como executores da lei da natureza. Por sua vez, a sociedade política (o povo) pode conferir ao governo apenas a autoridade que ele derivou dos indivíduos. Como eles detêm seus direitos à vida, liberdade e propriedade, nem o povo nem nenhum governo criado pelo povo pode violar esses direitos. Como Locke declara em "Da dissolução do governo": "A razão por que os homens entram em sociedade é a preservação de sua propriedade; e o fim a que se propõem quando escolhem e autorizam um legislativo é que haja leis e regulamentos estabelecidos que sirvam de proteção e defesa para as propriedades de todos os membros da sociedade, para limitar o poder e moderar a dominação de cada parte e de cada membro da sociedade (...)" (*ST*, §222).

Para Locke, "a vontade pública" ou "a vontade da sociedade" é o compromisso dos membros individuais da sociedade com as instituições comuns para a especificação e o fortalecimento dos direitos individuais de cada membro: "Nunca se pode supor que seja a vontade da sociedade que o legislativo tivesse um poder para destruir aquilo que todo mundo preza ao viver em sociedade" (*ST*, §222). Para ele, a formação da sociedade política (o povo) é um passo à frente para melhor articular e proteger a liberdade individual; não é um ato de autoescravização à coletividade.

Referências bibliográficas

PARA SABER MAIS SOBRE LOCKE, OS LEITORES DEVERIAM consultar antes de tudo seu *Segundo tratado sobre o governo civil* e *Carta sobre a tolerância*. Listei abaixo algumas informações sobre os escritos de Locke e algumas recomendações para estudos mais avançados.

AS OBRAS DE LOCKE

The Collected Works of John Locke, vol. 6. Londres. Impresso por Thomas Tegg et al., 1823. Contém todas as cartas sobre a tolerância de Locke.
Essay Concerning Human Understanding. A. C. Frazer, ed. Dover, 1959.
Two Treatises of Government. Editado por Peter Laslett. Cambridge University Press, 1960. Uma edição especial com uma introdução muito útil.
Second Treatise of Government. C. B. Macpherson, ed. Hackett Press, 1980.
A Letter Concerning Toleration. James Tully, ed. Hackett, 1983.
Locke: Political Essays. Mark Goldie, ed. Cambridge University Press. Contém ensaios menos conhecidos de Locke que foram citados neste livro.

OUTRAS REFERÊNCIAS

HOBBES, Thomas. *Leviathan*. Edwin Curley, ed. Hackett, 1994.

Sugestões de leitura adicional

PARA ESTUDO ADICIONAL

ASHCRAFT, Richard. *Revolutionary Politics and Locke's Two Treatises of Government*. Princeton University Press, 1986. Descrição da filosofia política radical de Locke.

GRANT, Ruth. *John Locke's Liberalism*. University of Chicago Press, 1987. Locke como liberal clássico.

MACK, Eric. *John Locke*. Bloomsbury Academic, 2013. Vai um pouco além dos pontos essenciais.

PARA ESTUDO MAIS AVANÇADO

NOZICK, Robert. *Anarchy, State, and Utopia*. Basic Books, 1974. Reflexões filosóficas sobre os temas da filosofia política de Locke.

SIMMONS, A. John. *The Lockean Theory of Rights*. Princeton University Press, 1992. Uma discussão detalhada e sofisticada de Locke sobre direitos, que difere da minha.

SIMMONS, A. John. *On the Edge of Anarchy: Locke, Consent, and the Limits of Society*. Princeton University Press, 1993. O título diz tudo.

ZUCKERT, Michael. *Launching Liberalism: On Lockean Political Philosophy*. University of Kansas Press, 2002. Locke dentro da história da teoria política liberal.

Sobre o editor

ERIC MACK É PROFESSOR EMÉRITO DE FILOSOFIA NA Tulane University. Como membro do Departamento da Filosofia e docente do Murphy Institute of Political Economy, em Tulane, ministrou cursos em teoria ética, filosofia da lei, economia política, filosofia política e a história da teoria política. Seu principal projeto acadêmico tem sido o refinamento e a ampliação do tipo de doutrina de direitos naturais que John Locke defendeu em seus escritos políticos.

Para tal fim, ele *publicou* mais de cem ensaios acadêmicos sobre a fundação moral dos direitos naturais, a base e natureza dos direitos de propriedade, justiça econômica, a natureza da lei e da ordem econômica e social espontânea, o escopo das instituições coercitivas legítimas, e a exploração desses tópicos nos teóricos liberais clássicos e libertários dos séculos XVII e XIX. Ele é editor dos livros *The Rights and Wrongs of Compulsion by the State and Other Essays* (Liberty Press) de Auberon Herbert e de *The Man versus the State* (Liberty Press) de Herbert Spencer. Ele também é autor de *John Locke* (Bloomsbury Press) e de *Libertarianism* (Polity Press), publicado recentemente.

Eric Mack exercita sua liberdade e autoconfiança ao escalar as montanhas e cânions do Oeste americano.

Agradecimentos

GOSTARIA DE AGRADECER A AEON SKOBLE, MARY SIRRIDGE e um leitor anônimo por seus conselhos editoriais. Agradeço a Ben Bryan e Bas van der Vossen por corrigir minhas definições de consentimento em Locke.

Propósito, financiamento e independência do Fraser Institute

O FRASER INSTITUTE OFERECE UM SERVIÇO DE UTILIDADE pública. Nós relatamos informação objetiva sobre os efeitos econômicos e sociais das políticas públicas atuais, além de oferecermos pesquisa baseada em evidências e instrução acerca das opções de políticas que podem melhorar a qualidade de vida.

O Fraser Institute é uma organização sem fins lucrativos. Nossas atividades são financiadas por doações de caridade, fundos livres, venda de ingressos, patrocínios de eventos, licenciamento de produtos para distribuição pública e venda de publicações.

Toda pesquisa é sujeita à revisão rigorosa por especialistas externos, e é conduzida e publicada separadamente pelo conselho de administração e seus doadores.

As opiniões expressadas pelos autores são as suas próprias, e não refletem necessariamente aquelas do instituto, de seu conselho de administração, de seus doadores e apoiadores, ou de seus funcionários. Essa publicação de nenhuma forma implica que o Fraser Institute, seus curadores, sua equipe apoiam ou se opõem à aprovação de qualquer lei; ou que apoiam ou se opõem a qualquer partido ou candidato político particular.

Como uma parte saudável da discussão pública entre concidadãos que desejam melhorar a vida das pessoas através de melhores políticas públicas, o instituto está aberto ao escrutínio científico de suas pesquisas, incluindo verificação de base de dados, replicação de métodos analíticos e debate inteligente sobre os efeitos práticos de recomendações de políticas.

Sobre o Fraser Institute

Nossa missão é melhorar a qualidade de vida dos canadenses e suas famílias, bem como das futuras gerações, ao estudar, medir e comunicar amplamente os efeitos das políticas governamentais, do empreendedorismo e das escolhas sobre seu bem-estar.

Revisão por pares – validando a exatidão de nossa pesquisa

O FRASER INSTITUTE MANTÉM UM PROCESSO RIGOROSO de revisão por pares para toda a sua pesquisa. Novas pesquisas, grandes projetos de pesquisa e pesquisa substancialmente modificada conduzida pelo Fraser Institute são revisadas por, no mínimo, um especialista interno e dois especialistas externos. Espera-se que os revisores tenham conhecimento reconhecido na área em questão. Sempre que possível, a revisão externa é um processo duplo-cego.

Observações e artigos de conferências são revisados por especialistas internos. Atualizações com respeito à pesquisa anteriormente revista ou a novas edições de pesquisa anteriormente revista não são revisados a menos que atualizações incluam mudanças substanciais ou materiais na metodologia.

O processo de revisão é supervisionado pelos diretores dos departamentos de pesquisa do Fraser Institute que são responsáveis por assegurar que toda pesquisa publicada pelo Instituto passará pela adequada revisão de pares. Se surgir uma disputa com respeito às recomendações durante o processo de revisão por pares, o Instituto poderá recorrer a seu conselho editorial consultivo, um painel de especialistas do Canadá, Estados Unidos e Europa, para resolvê-la.

Conselho editorial consultivo

MEMBROS

Prof. Terry L. Anderson
Prof. Robert Barro
Prof. Jean-Pierre Centi
Prof. John Chant
Prof. Bev Dahlby
Prof. Erwin Diewert
Prof. Stephen Easton
Prof. J.C. Herbert Emery
Prof. Jack L. Granatstein

Prof. Herbert G. Grubel
Prof. James Gwartney
Prof. Ronald W. Jones
Dr. Jerry Jordan
Prof. Ross McKitrick
Prof. Michael Parkin
Prof. Friedrich Schneider
Prof. Lawrence B. Smith
Dr. Vito Tanzi

ANTIGOS MEMBROS

Prof. Armen Alchian*
Prof. Michael Bliss*
Prof. James M. Buchanan* †
Prof. Friedrich A. Hayek* †
Prof. H.G. Johnson*

Prof. F.G. Pennance*
Prof. George Stigler* †
Sir Alan Walters*
Prof. Edwin G. West*

* Prêmio Nobel; † falecido

ASSINE NOSSA NEWSLETTER E RECEBA
INFORMAÇÕES DE TODOS OS LANÇAMENTOS

WWW.FAROEDITORIAL.COM.BR

CAMPANHA

FiqueSabendo

Há um grande número de portadores do vírus HIV e de hepatite que não se trata.
Gratuito e sigiloso, fazer o teste de HIV e hepatite é mais rápido do que ler um livro.

Faça o teste. Não fique na dúvida!

FARO EDITORIAL

ESTE LIVRO FOI IMPRESSO
EM AGOSTO DE 2021